U0944461

景李虎⊙著

DAO CAO JI

稻草集

广东高等教育出版社
Guangdong Higher Education Press
·广州·

图书在版编目（CIP）数据

稻草集/景李虎著. —广州：广东高等教育出版社，2015.12（2016.8 重印）

ISBN 978-7-5361-5315-8

Ⅰ.①稻… Ⅱ.①景… Ⅲ.①教育工作-中国-文集 Ⅳ.①G52-53

中国版本图书馆 CIP 数据核字（2015）第 058627 号

出版发行	广东高等教育出版社
	地址：广州市天河区林和西横路
	邮政编码：510500 电话：（020）87554152
	http://www.gdgjs.com.cn
印 刷	广东信源彩色印务有限公司
开 本	787 毫米×1092 毫米 1/16
印 张	15.75
字 数	194 千
版 次	2015 年 12 月第 1 版
印 次	2016 年 8 月第 2 次印刷
定 价	32.00 元

前言　激发学校内在活力

家庭是社会的细胞。

学校是教育的细胞。

家庭不和谐，社会不稳定。

学校没活力，教育死水一潭。

教育工作，应当把关注焦点放在学校层面。

只有不断激发学校的内在活力，才能不断解放教育生产力，加快教育发展。

激发学校内在活力，解放教育生产力，改革是动力。

第一，深化教育改革，必须提高立德树人水平。

“百年树人”，本意就是理想信念教育。

“德才兼备”，从来就是人才培养目标。

提高立德树人水平，就是要在学生中培育践行社会主义核心价值观，把学生培养成有“社会责任感”“创新精神”“实践能力”的中国特色社会主义“合格建设者”“可靠接班人”。

无“德”，则无以为人。

“德”不立，树人便失去意义。

学校德育工作，内容很正确，方法却亟待改进。

激发兴趣、嵌入细节、参与实践，重视实践育人，用好网络新媒体，是增强德育工作时代性、针对性、实效性的必然途径。

第二，深化教育改革，必须优化教育资源，增加优质学位，突出特色，提高质量，注重多样化。

水因流而平。

基础教育，要通过学校间的合并、托管、联合、集团化等形式以及校长教师的流动，扩大优质教育资源的影响力、辐射力、带动力，大幅增加优质学位，满足群众对优质教育资源的需求，缓解择校等矛盾。

创强、争先、均衡，着重提升办学硬件，改善办学外部环境；教改、课改，才是瞄准“推进素质教育、培养创新人才”的目标“下田插秧”、走进教室抓教育的扎实举措。信息化建设，是运用物流配送原理，促进教育均衡的有效手段。

职业教育，要推动学校和产业、行业、企业的全方位深度融合，让学校成为产业、行业、企业的“培训部”，让产业、行业、企业成为学校的“就业部”。每所学校与不同产业、行业、企业的全方位深度融合实现了，职业教育的特色也就水到渠成了。

职业教育考试招生、教学科研、实习实训、评价标准、评价手段均自成一体，加速职业教育自觉自立，完善职业教育自身特有体系，十分必要。加快中职、高职融合，有利于提升职业教育的质量和效率。随着考生数量的逐渐减少，中职教育规模可能萎缩，加快中职、高职融合，是优化职业教育结构的必由之路。

尽快形成职业教育中职、高职、本科、硕士、博士的完整体系，不但有利于职业教育良性发展，更可与培养综合性人才的普通本科教育齐头并进、形成良性竞争，促进教育资源在两大教育门类之间自由流动，加快教育发展。

目前，职业教育仍处在百家争鸣、群雄竞起的起步阶段，座次还没排定，广东是经济强省，制造业实力雄厚，加大力度支持职业教育发展，有可能较短时间内在全国形成职业教育优势。

建立现代大学制度、激发大学内在活力，是“设计生产关系”的基础性工作。高等教育，要根据分类指导的原则，将不同类型、不同层次学校的相同学科专业分类评价，按照“强、优、特、急”的标准，选出其中的佼佼者，予以扶持奖励，以此激发部门、学校、学科专业之间交流合作、提高水平、实现突破、加快发展的内在动力，激活高校协同创新的内在需求。

高校科研经费使用效率低、科研成果含金量低，是因为科研管理体制存在缺陷。把立项即拨款的“隔山买牛”改为购买科研成果的“货到付款”，会大大提高科研经费的使用效率。

第三，深化教育改革，必须提升教师队伍的创新能力。

培养创新人才，是教育的工作目标。

但是，如果教师的创新精神、创新能力不足，何谈培养学生的创新精神、创新能力？

当下，提升教师队伍的创新精神、创新能力，是提高创新人才培养水平的当务之急。

提升教师队伍的创新精神、创新能力，要体现在教学、科研、人才培养机制创新上。明确目标、找到方法、具备组织实施能力，是创新人才培养过程中教师应当做到的。

教师队伍现代化、教育信息化、教育国际化是广东教育现代化的关键。

第四，深化教育改革，必须加快“减政、放权、搞活、规范化、国际化、中国化”的步伐。

30 多年来，我国农业工业改革都经历了“减政、放权、搞活、规范化、国际化”的过程。目前，教育改革也正在经历这样的过程，并且要加快这一进程。

之所以提“中国化”，是因为“为谁培养人、培养什么人、怎样培养人”的教育事业与国家前途命运关系重大，影响深远，具有意识形态属性。所以，教育改革必须坚守中国历史、文化、意识形态特点，凸显中国风格，弘扬中国精神，坚定不移走中国特色社会主义道路。正如习近平总书记所说：要努力发展中国特色、世界水平的现代教育；办好中国的世界一流大学，必须有中国特色。

实现广东教育现代化，关键取决于粤东西北、山区农村的教育发展水平。教育资源向粤东西北、山区农村倾斜是理所当然的。

注重多样化、不搞绝对化，是教育工作应该遵循的规律之一。

支持民办教育健康发展，对优化教育结构、满足群众对教育资源的多样化需求有积极作用。

教育工作生产“未来产品”，周期长、见效慢。

教育，确实是一棵树，要一年一年地长，一个年轮一个年轮地积累。几年突击，可以建成一座大楼；几年突击，小树苗无论如何也长不成参天大树。

教育工作切忌短期行为、急功近利。

从事教育工作要有理想、有毅力。

目录/MULU

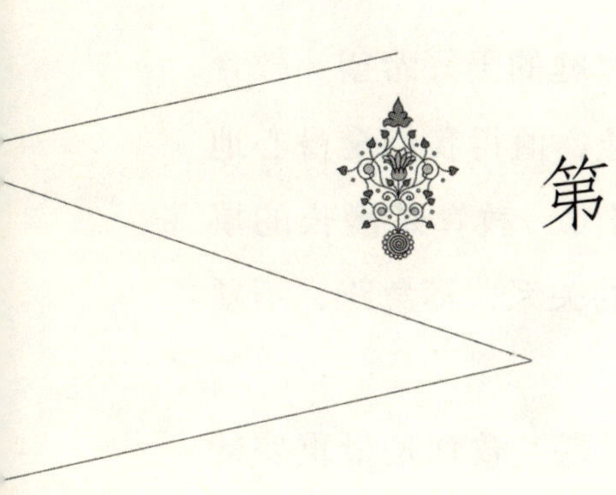

第一捆

说教育现状

1. 教育连家国

教育关系国家民族命运，教育寄托了千万家庭的美好希望，教育决定着千千万万孩子的未来。教育是崇高的事业，值得我们全身心地付出；教育是艰苦的事业，需要坚持不懈地努力；教育是漫长的事业，需要我们慎重地处理好继承、发展和创新的关系，不急躁，不冒进，不折腾。

新中国成立65 年，国家发展有很多支撑因素，教育是最重要的因素。

改革开放30 多年，广东经济社会有如此巨大的成就，教育是最重要的支撑因素。

没有教育的贡献，就没有广东的今天；没有教育的支撑，就不会有广东的美好明天。

今天，教育便是民生，优质教育资源更是大家趋之若鹜的稀缺资源。

中国人望子成龙心切。你可以说我不行，但不可以小瞧我的儿子孙子。只要儿子孙子比我好，父亲母亲、爷爷奶奶什么苦都能吃，什么罪都能受。

封建时代，科举是劳苦大众改变命运、跻身上层社会的唯一途径。

今天，读好书、考上好大学、找到好工作，仍是千万工农子弟改变命运的主要通道。一个孩子读书成功、就业理想，可以带动一个家庭脱离贫困、走进小康。

中国人从来对未来都充满信心：今年不好，明年一定好；现在不好，将来一定会好；我这辈子不好，下一代一定会好。

爱学习，好读书，不仅关乎生计，甚至可以上升为道德问题。

2. 远痛　近忧

教育的缺点不少：

公平有欠缺，

均衡有欠缺，

特色有欠缺，

质量有欠缺，

多样性有欠缺……

唯独不缺的是饱受批评。

批评教育，人人都是专家。

教育既有“近忧”，又有“远痛”，谈起来不轻松。

表面看、短期看，教育的“近忧”表现为公平有欠缺、均衡有欠缺、特色有欠缺、质量有欠缺、多样性有欠缺。

公平有欠缺，就是机会不平等。表现为不同族群的孩子，因为父母或者自己的身份差别，不能接受相同的教育。最突出的是由于户籍的城乡差别，孩子无法在生活地、出生地平等接受义务教育。

改革开放30多年，劳动力流动早已市场化，但人口的管理仍然无法彻底打破城乡二元格局，在“城”与“乡”之间的“市民”与“农民”之外，有几亿人口的“农民工”——他们户籍在农村，工作在城市；身份是农民，工作是工人；待遇是农民，工作要求是工人。他们身份、工作、待遇的矛盾与尴尬正像“农民工”这个词——他们是“农民身份的工人”“农民待遇的工人”“像工人一样工作的农民”

“在城市工作的农民”。城市，他们融不进来；农村，他们不想回去，或者已经无法回去。这壁厢一堵墙，那壁厢一堵墙，他们成了“胡同里的洪水”。他们的孩子一部分“留守”在农村，成为“留守儿童”；一部分跟随父母出来，成了“流动儿童”，因为户籍限制，不能顺利在生活地入学、读书、参加高考。

人不能什么希望都没有，不能什么路都不通。一个小的方面有出路，不断奋斗，扩大希望，改变生活，改变命运……这样大家才会珍惜生命、珍惜生活、珍惜前途、珍惜社会。任何希望都没有了，人的行为也就什么逻辑也没有了。我们应该通过孩子给农民工希望和出路——孩子在哪里出生，就是哪里人；父母在哪里工作，孩子就在哪里读书。对孩子未来的无限期望，肯定能够成为牵引农民工父母奋斗、建设、忍耐、融入的正能量。如果任何奋斗都无法改变命运，许多“低燃点”“无理由”“不至于”的极端行为就会频频出现，社会问题也就层出不穷。

机会不公平，谈不上发展成长的公平。

但是，如果马上打破户籍限制，城市教育资源无法承受。因此，我们目前只能愤愤地批评不公平、无奈地容忍不公平。

均衡有欠缺，表现在区域之间、学校之间教育质量差距较大。由于历史的原因，由于经济发展水平的原因，特别是由于校长及教师队伍素质、观念、方法、水平的差异，学校之间教育质量差距很大。优质教育资源不足，家长学生趋利避害，想方设法挤进好学校，争抢优质学位，于是“跨区域”“择校”“赞助费”等现象就出现了，并且屡禁不止。

事实上，无论国家、地区发展水平，还是行业部门工作进展，差异永远存在，关键是差异不能越拉越大。优质资源越来越多，整体水平不断提升，民怨才会越来越少。

特色有欠缺，表现在基础教育围绕高考指挥棒转，千篇一律搞应试教育。高等教育本来没有了高考的“统一验收”，但也存在面孔老套、创新乏力、千校一面的缺点。

特色，是与众不同的特长、个性，这是教育应该具备的最重要的品质。学校没特色，学生没特色，培养的人才像是工厂流水线上按统一标准生产出来的暖水瓶、电视机，教育的意义就大打折扣。

千篇一律很省心，千篇一律简单、高效、产量高、成本低。但学校不是工厂流水线，人才不是青砖，统一、同一、单一都是巨大的伤害和浪费。

质量有欠缺，表现在培养的人才不能适应经济社会发展需求，学生的社会责任心、创新精神、实践能力不足。最突出的缺点是不会创新。

多样性有欠缺，很少人看到。国家发展对人才需求的数量、质量、品种也是无限的，行业对人才需求的数量、质量、品种是无限的，岗位对人才需求的数量、质量、品种也是无限的。好比建一座大楼，需要钢筋、水泥、砖头、沙子、石头、木头、玻璃、塑料、油漆、电气设备、消防设备、安防设备、制冷设备、通风设备、排水设备、各种功能的元器件……成千上万种类繁多、规格各异、功能不同的物品，不可能由一个工厂生产出来，更不可能用一种方法、一种模式生产出来。

教育要满足国家、社会、行业、岗位、家庭、个人的无限需求，唯有摒弃单一模式、包打天下、以不变应万变的错误想法，走多样化的路子。简单僵化、大包大揽、一刀切，都不符合人才培养规律。

目前，最令人担忧的是，人才培养模式在单一思维、单一模式、单一方法的强力支配下运行，若干年后，人才队伍结构严重失衡、极端畸形，某一类人才极度过剩，另一类人才极度缺乏。

那时，悔之晚矣！

从深层次、长远看，教育的致命缺点是急功近利，或者说是浮躁心态、短期行为，过分追逐眼前利益，极大地损害长远根本利益。

教育部门生产“未来产品”——大学教育成功与否，需要10年才能得出结论；中学教育成功与否，需要20年才能有答案；小学教育成功与否，需要30年才能得到验证。

但是，社会、家庭、学校、学生、家长全都没有耐心等10年、20年、30年，而错误地把教育目标聚焦在眼前的考试分数、升学率、高考结果上。像做买卖那样，想赚快钱、赚大钱；用最短的时间，通过走捷径，甚至投机取巧，赚完世界上所有的钱。结果，把“素质教育”搞成“应试教育”；把“以人为本”的教育搞成“以考为本”的教育；把培养创新人才的目标，变成追求升学率的目标。

急功近利、竭泽而渔的浮躁心态导致的应试教育，对学生创新能力、创造能力的损害是典型的“捡了眼前的芝麻，丢了长远的西瓜”，“得了眼前的蝇头小利，坏了长远的根本大计”，对学生发展成长的伤害是根本性的、终身的，甚至是永远无法弥补的。

如何形容这种天天都在发生、少数人心急如焚、大多数人麻木不仁甚至乐此不疲的状况呢？

急功近利的应试教育，对学生创新创造能力的损害，好比面对一座黄金富矿，如果按规律、按计划循序渐进地开采，产量会有上亿吨，效益会越来越好；如果急功近利地滥挖滥采，破坏了矿床，扰乱结构，产量可能只有几百吨。

急功近利的应试教育，对学生创新创造能力的损害，好比心急的果农，为了眼前利益，没等果子成熟，就摘下来卖了，结果使果子永远失去了发育成熟的机会。

急功近利的应试教育，对学生创新创造能力的损害，好比虚荣心太强的父母，为了炫耀自己的孩子长得高、长得壮，便给孩子喂激素，结果短期内孩子长得白白胖胖、又高又大，但对他的健康造成了永远的伤害。

“近忧”与“远痛”相比，深层次的毛病危害更大、更致命。

3. 说浮躁

浮躁、短期行为、急功近利，是对教育的致命危害。

说起国人的浮躁，真是一言难尽。

中国封建社会持续了几千年。虽然通常每过几百年就有王朝更替，但基本社会性质没有变，所以说中国的封建社会是超稳定结构。与之相伴随，民众心理也超稳定。那时，中国人的心态不是浮躁，而是麻木与沉寂，甚至被批评为万马齐喑、一潭死水。

近百年，情况完全不同了。

1894 年，孙中山领导的兴中会在美国檀香山成立，仅仅 18 年时间，就推翻了清政府。与元覆宋、明覆元、清覆明不同，清王朝的灭亡，彻底结束了中国的封建统治。

1912 年，中华民国成立，中国开始了资产阶级领导的共和时代。

1921 年，中国共产党成立，仅仅用了 28 年，就把国民党赶到台湾。

1949 年，中华人民共和国成立，中国成为人民民主专政的社会主义国家。

新中国成立 65 年，前 30 年用革命的办法搞建设，特别是“文化大革命”十年疾风暴雨式的阶级斗争，令举国动荡。

改革开放 30 多年，中国找到了中国特色社会主义道路，在很短时间内从一穷二白、一贫如洗一下子升腾为 GDP 全球第二、外汇储备全球第一的国家……

民国政府把清王朝批得一塌糊涂；

新中国的光芒让民国政府黯然失色；

改革开放的辉煌让新中国成立初期的30年相形见绌……

从1894年到1949年，短短55年，中国经历了截然不同的3个“时代”。

从1894年到2014年，120年，中国至少经历了3次“绝望—奋起—成功”“绝望—决战—成功—狂喜”的大起大落。

天壤之间癫狂式、惊涛骇浪般的翻滚变化，一次又一次冲击着国人的灵魂，反复考验着国人的心理承受底线。

高潮此起彼伏，热点跌宕错落，场面瞬息万变。

一锅夹生饭没吃完，又煮了一锅夹生饭。

惊恐忙乱中，轻舟已过万重山……

120年来，国人一直处于不安与躁动中，有时甚至生活在硝烟炮火、颠沛流离、亡国亡家的极度危难中。

时至今天，中国许多制度还不甚完善。

制度不完善，就有不确定性。

不确定性，就是风险。

大家不得不预备接踵而来的变化。

大家都期待变得更好，大家都害怕变得很不好。

面对频频跳出、大出所料、应接不暇的新局面，我们没有足够的时间沉思，没有足够的时间沉淀，没有足够的时间消化过去、判断未来，无法从容冷静地总结、扬弃、传承。

怀揣着来之不易的果实，我们忐忑不安、不知所措、来不及享用，甚至来不及分拣辨别，我们不得不日夜兼程地赶路。

连眼前的变化都应付不过来，我们没有、不敢有、无法有、不会有长远的考虑和打算。

这一切，能怪谁呢？

面对飞速的变化、跳跃、进步，我们不可能心如止水！

看来，克服浮躁，只能靠时间磨砺和战略定力了。

4. 改革是动力

广东教育规模，全国第一；

广东教育投入绝对值，全国第一；

广东人均财政支出，不高；

广东生均教育经费支出，不高；

广东教育发展，大有潜力可挖……

学生最多，投入最多，工作很努力，成绩很大，欠缺不少，任务艰巨。这就是广东教育现状。

眼前和今后，广东教育加快发展新的增长点是什么？提升底部的着力点在哪里？方法是什么？提高质量的方向在哪里？动力是什么？这些都是我们必须弄清楚的问题。

教育“优先发展”，这是国家战略。

继续增加教育投入，很有必要。

目前，广东省级财政教育支出已达20%，后续超常大幅增长可能性不大。

在市县，财力越弱，教育投入占财政支出的比重越大。

广东教育规模仍在缓慢增长，2016年放开异地高考后，还会有一波浪潮式增长，这是可以预料的。

这样的情况下，希望通过大幅度增加财政投入，改善教育条件，加快教育发展，恐怕难以做到。

2018年教育基本实现现代化的目标已经触到睫毛，我们怎么办？

深化改革、调整方法、优化结构、调动多方积极性、激发基层和学校活力才是出路。

不是没钱，关键是你拥有的东西值不值钱。

不是钱不重要，问题是有没有用好现有的钱。

钱很重要，但不是有了钱就能解决所有问题。

比钱更重要的是政策。

广东人一直津津乐道，改革开放初期，中央只给政策没给钱，广东人“杀出一条血路”，开出一片新天地，成为改革开放取得成功的排头兵。

今天，改革进入深水区，需要的胆量和勇气不亚于“杀出一条血路”。

当年，我们几乎一无所有，穷怕了、饿怕了、逃港逃怕了，为基本生存条件而战，没有退路、没有顾虑，只能破釜沉舟。

今天，我们衣食无忧，有房子、有汽车、有存款，敢冲敢杀的需求没那么迫切，无所畏惧的勇气没那么锐利，患得患失、算计利益、不愿冒险的心态明显增加。

当年的情况是：改革，马上就好，所以人人期盼改革！

今天的想法是：这么好的日子，为什么还要冒险改革？

改革主体惰性增加、动力不足、积极性不高，使得今天的改革比以往更难。

能改的都改了。

容易改的都改了。

事情处于徘徊状态，是因为以往改革政策的激励作用、拉动作用、提升空间已经用尽。

接下来怎么办？

答案是：继续深化改革。

继续深化改革从哪里开始?

答案是：从我们的头脑开始。

首先要有继续深化改革的使命感、责任感。同时，要使我们改革的思路方法再作超越、再上层楼。

改革是什么?

改革不是口号，改革是具体的方法和措施。

无论“改”还是“革”，都是在以前基础上的变化、发展和创新，都是对过往做法的调整、优化、改变。

没有变化、没有改变、没有革新、没有创新，循旧规、走老路、吃老本、一动不动，不是改革。

改革改什么?

国家、区域的道路、理论、制度、方向、目标不能改，行业部门的工作目标不能改，要改的是工作思路和方法。

“做什么”已经定了，要谋的是“怎么做”、如何把工作做得更快更好。

创新思路方法，把教育工作做得更快更好，建设高质量的教育强省，实现高质量的教育现代化，这就是我们要做的。

第二捆

说“百年树人”

5. “百年树人”是工作目标选择

《管子·权修》中讲：一年之计，莫如树谷；十年之计，莫如树木；终身之计，莫如树人。

这段话意思很清楚，规划人生目标时，根据时间长短，做这样选择：一年的工作打算，什么也好不过种粮食；十年的工作打算，什么也好不过种树；一辈子的工作打算，什么也好不过培养人才。

为什么呢？管子接着又讲：一树一获者，谷也；一树十获者，木也；一树百获者，人也。

通过劳动的价值回报，解释做出选择的理由：种粮食，一次播种，一倍收获；种树，一次播种，十倍收获；培养人才，一次播种，百倍收获。

因为培养人才的回报非常丰厚，所以值得付出毕生精力。

根据时间长短，选择正确的工作目标，获得最大回报，这便是“百年树人”的本意。

6. “百年树人”是培养干部

人才培养，回报丰厚，值得付出毕生精力。

管子所说的，是培养什么样的人才呢？

管子是思想家、政治家，不是教育家。他所说的人才，不是文化艺术、技术技能方面的人才。

仔细研读《管子·权修》，通篇都讲治国理政的方法理念。据此判断，管子所说的人才，是治国理政方面的人才。

用今天的话说，管子所说的人才，就是干部。

管子所说的，值得花毕生精力从事的事业，就是培养干部。

7. “百年树人”是理想信念教育

把事情继续深挖下去。

如何培养干部？花毕生精力培养什么样的干部？

道理很简单，就是培养志同道合的干部，培养理想信念、价值观相同的接班人，培养青出于蓝而胜于蓝的继承者。也就是按照自己治国理政的理念培养干部，培养和自己的治国理政理念相同的干部。

这样做的目的，就是要把自己的政治理想一代代传承下去、一代代贯彻下去。

在思想家、政治家管子看来，按照自己的治国理政理念培养干部，培养和自己的治国理政理念相同的干部，把自己的政治理想一代代传承下去、一代代贯彻下去，是值得付出毕生精力去做的事情，是人生最大的收获、最大的回报。

毫无疑问，“百年树人”就是理想信念教育、世界观价值观教育、思想政治教育。

8.“百年树人”是国之大计

“百年树人”用于教育工作，一是指培养人才时间长、见效慢、任务艰巨；二是讲培养人才关系重大、影响深远。

教育为什么重要？教育为什么时间长、见效慢？教育工作为什么艰难？说来话长。

国家民族发展，最终的决定因素、最重要的推动力量是人——人的教育普及程度，人的教育提高程度，人才数量，人才质量……

正确的、优秀的、先进的教育理念形成不容易，普及实践更难。

时代、社会、实践不断变化，对教育的要求也不断变化。

一种教育理念，要经过很长时间，通过个人、群体、组织、社会以及思想、行为、政权、机制、体制等无数环节的转换才能作用于社会。

因为人才培养周期长、见效慢，所以一种新的教育理念形成、落地、实践、收获都不容易，每一个时期提倡的教育理念，好像都是教育者的“自言自语”：

为什么必须实施素质教育？

为什么必须培养创新人才？

为什么要全面教育、特色发展、多样化成才？

为什么要注重培养孩子能够求异、善于求同的能力？

这样的问题，总能找到答案，但答案五花八门，不止一个。其他的教育理念，也可以找到多个答案。谁最正确，谁是唯一，没有无可置辩的理由。

教育理念，是根据眼前的社会需求、可预见的将来提出的，根据这样的理念培养学生，要经过10年、20年、30年才有结果。10年、20年、30年以后，培养出来的学生是否真正符合社会需求，时移世易，又当别论了。

所以，教育总处在探索寻找中，总处在反思检讨中，总处在跋山涉水的旅途中。

想用100年解决教育问题，是不可能的。

教育永远人在旅途、永远疲于奔命地追赶。

100年后，教育面临的难题更多、难度更大。

当然，那是新的形势下更高层次的难题。

面对人才培养和社会需求不可能完全同步的特点，教育工作者要任劳任怨，要提高制定政策的前瞻能力，还要争取相对宽松的外围环境。

我们制造的是“未来产品”，质量如何，不是当下的考试分数能够检验出来的。

9. 制造“未来产品”

写下这个题目，颇为得意。

谁可以为未来制造产品?

谁制造的产品当下不用、未来才用?

确实有这样的部门——教育。

讲到教育，中国有很多可自豪之处——我们最早认识到教育的重要性，2 600 多年前就有“百年树人”的思想；中国文化的代表是思想家、教育家孔子；中国教育评价方法有被称为中国古代“第五大发明”的科举制度，这一制度历经 1 200 余年几乎没有大的变化；中国重视德育教育，重视世界观、人生观、价值观的培养，重视理想信念教育；中国教育把个人、家庭、国家、世界理想有机结合在一起，将格物、致知、诚意、正心、修身、齐家、治国、平天下统一于教育。

教育是制造“未来产品”的部门。

小学教育成功不成功，要过 30 年才知道；中学教育成功不成功，要过 20 年才知道；大学教育成功不成功，要过 10 年才知道。

学校的学生，是未运行的机器、未上路的汽车，作用还没发挥，性能尚未展示，评价好坏优劣为时尚早。

每一个学期的分数、每一门功课的考试成绩，仅仅是阶段性成果，无法反映学生的综合素质，无法反映学生进一步发展的潜力，更无法反映学生的创新创造能力。

在评价节点和标准问题上，家庭、社会急不可耐，绝对等不了 10

年、20年、30年，于是把明知不恰当的阶段性标准当作最终标准，将错就错，心甘情愿地欺骗自己、欺骗他人。

社会对人才的需求，希望立竿见影、药到病除，要的是“现货”；人才培养周期长、见效慢，教育部门能够提供的是“期货”。经过漫长的周期，当教育部门“按要求”提供了“社会需要”的人才的时候，社会需求早就变化了。

10年、20年、30年过去，一代人的教育木已成舟。10年、20年、30年前的受教育者踏入社会，关心的是当下的工作和生活，很少有人追溯青少年时期教育对自己眼前状况的影响；政府和管理部门，永远关注眼前的热点、难题，觉得追究10年、20年、30年前的教育得失已经没有太大意义……

于是，于公于私，保持理性头脑、不断反思检讨教育得失、调整教育方向、纠正教育偏差，好像都没有特别的必要性和紧迫性。

最终，评价几十年前教育成败得失的，只是历史学家们的研究课题。而他们的研究成果，对总是善于面对现实的政府、社会、家庭、个人，几乎无法引起关注。

教育责任大过天。

干好了，成人之美，利国利民，功德无量；干不好，误人子弟，毁人前途，误国误民，无异于图财害命！所以，无论多么辛苦，多么困难，多么委屈，教育工作者都应当全力以赴。

教育工作很难评判。眼前的得，未必是长远的得；眼前的失，未必是长远的失。国家从来没有对十几年、几十年前的教育工作者问责，也没有见过哪个人几十年后因为生活工作不如意，回头找教师校长理论、找局长厅长算账。所以，教育工作无论局面如何，总能找到理由，自圆其说。

不幸的是，一些长期从事教育工作、明白个中就里、老谋深算的

“聪明人”，得过且过，吊儿郎当；有野心，没本事；表忠心，不干事；要么等提拔，要么等退休。这等行为，犹如华尔街金融高手肆意玩弄股票，实在恶劣。

1989 年 3 月，邓小平同志说：“我们最近十年的发展是很好的。我们最大的失误是在教育方面，思想政治工作薄弱了，教育发展不够。我们经过冷静考虑，认为这方面的失误比通货膨胀等问题更大。”

小平同志的话一针见血。

教育的目标在国家、社会、民众不断变化的需求中。

教育工作只有起点，没有终点。

百年树人，绝不是说经过 100 年的努力，就可以解决教育存在的问题。100 年后，教育的难题更多、更大。

10. 沉重话题

谈起教育，话题特别沉重。

教育承载了国家、社会、家庭、个人太多太多的期望，大家想从教育上收获的东西太多太多，儿女子孙的教育与长辈血肉相连……于是，人人关心教育，人人思考教育，人人成了教育家，讲起教育头头是道，批评教育滔滔不绝。

教育是一个过程，要遵循孩子的成长规律，遵循教育的发展规律。好比种果，要植苗、浇水、施肥、整枝、除虫，又好比做陶瓷器，要和泥、拉坯、造型、雕花、上釉、烧制，每个环节都不能少。把某一个环节扩大为全部不对，把某一个部分看成最终成果更不对。

也就是说，当下不能苛求“未来产品”的质量。或者说，要审慎评价“未来产品”的质量，给教育发展探索留下适度宽松的环境。

那位客官说了：照你这么说，教育工作就没有评价标准了？

答曰：那倒不是。过往工作的得失，国内外同行探索实践结果的比较，时代的期盼，未来的需求，就是评价当下教育工作的标准。

11. 会干　会说

搞教育的人嘴巴很累，上课讲多了，下课就不愿再说话了。

搞教育的人嘴巴很笨，只会讲台上讲，出了校门就不会讲了。

干得多，说得少，不善于宣传自己，即使被误解也不出声，好像默认了，这便是教育工作者的特点。

媒体不是敌人，不是朋友；相处不好是敌人，相处得好是朋友；善待善用是朋友，不善待不善用是敌人。

媒体是“放大镜”，好事坏事都放大。

媒体永远肚子饿，要不断地喂料，你不喂料，它就自己找料。找到，吃下去，放大，吐出来。

明白了媒体特性，就知道如何与媒体打交道了。

教育工作者要经常对媒体和群众讲两句话：

第一，教育制造的是“未来产品”，效果如何，要十几年、几十年才能看得出，请大家不要急功近利，不要只看眼前的分数。

第二，教育变革会涉及每一个孩子，会影响一代人甚至几代人，要十分慎重，请大家不要轻易下结论，不要简单地求全责备。请大家给教育一个宽松的环境。

第三捆

说“素质教育”

12. 什么是“素质教育”

教育的根本任务是立德树人。

教育的核心是全面实施素质教育。

教育的目标是培养创新人才。

“立德树人”是总要求，“素质教育”是方法，培养出“创新人才”是结果。

“素质教育”是我们说得最多的概念。

什么是“素质教育”？

怎样教才算是“素质教育”？

教什么内容才算是“素质教育”？

教师教到什么程度、学生学到什么程度才算是成功的“素质教育”？

搞清楚这些问题，需要查查书本。

1999年6月《中共中央、国务院关于深化教育改革全面推进素质教育的决定》，是迄今为止关于素质教育含金量最高的文件，其中对“素质教育”做了权威阐述：

第一，素质教育贯穿于幼儿教育、中小学教育、职业教育、成人教育、高等教育等各级各类教育。

第二，素质教育以培养学生的创新精神和实践能力为重点。

第三，素质教育包括德育、智育、体育、美育、生产劳动和实践教育。

《国家中长期教育改革和发展规划纲要（2010—2020年）》对素质教育的表述为：着力提高学生服务国家服务人民的社会责任感、勇于探索的创新精神和善于解决问题的实践能力。我们简称为“社会责任感”“创新精神”“实践能力”。

综合起来说：

（1）“素质教育”贯穿于教育的所有阶段，贯穿于人的一生，从幼儿园的小明到老年大学的老王，都要实施素质教育。

（2）“素质教育”是全面发展的教育，包括德、智、体、美、劳等方面。

（3）“素质教育”任务有三项：培养学生的社会责任感、创新精神、实践能力。

我们经常以为，只有中小学生才需要进行素质教育，大学生、研究生、成年人不再需要素质教育。这样的看法，偏差大了。

13. 给爱因斯坦检查作业

实施素质教育，目标是培养创新人才。

什么是创新人才？

创新人才应当具备怎样的素质？

答曰：独立思考，大胆质疑，顽强探索，求新求异。

其中，“独立思考”是关键前提。

创新是与众不同，创新是发现前所未有，创新是“无中生有”。

创新是充当茫茫荒原上第一个掌灯夜行之人。

创新人才的最低要求：不能人云亦云。

教育工作者、科技工作者、艺术家队伍中具有独立思想的人最多：平淡无奇的外表，尖锐犀利的思想。许多司空见惯的问题，教育工作者、科技工作者、艺术家都有独特的思考、奇异的角度、与众不同的答案。

质疑是创新的起步。

质疑在于发现问题。发现不了问题，一切天经地义，处处按部就班，事事各得其所，何谈创新？

质疑需要勇气，很多时候我们意识不到这一点。

给小学生检查作业，我们认为理所当然，因为我们对小孩子的能力和答案有怀疑、不放心。

面对司空见惯的定律，面对举世公认的大师，面对空前的权威，我们敢不敢提出质疑？

今天，我们敢不敢给华罗庚检查作业？敢不敢给陈景润检查作业？敢不敢给牛顿检查作业？敢不敢给爱因斯坦检查作业？敢不敢给孔子、柏拉图检查作业？

这确实需要勇气！

发现问题、提出质疑之后，便需要探索的精神，搞清楚是什么、为什么、怎么样。

探索的过程充满艰辛曲折，甚至可能耗费毕生的时间和精力。今天被证明的各种“猜想”，就是以往科学家们提出质疑但没来得及解开的科学难题。

最后，如果得出的结论和别人相同，创新就是白费功夫。

教育部门天天把“素质教育”“创新人才”挂在嘴上，工作中是不是朝着这个方向努力，应该好好想一想。

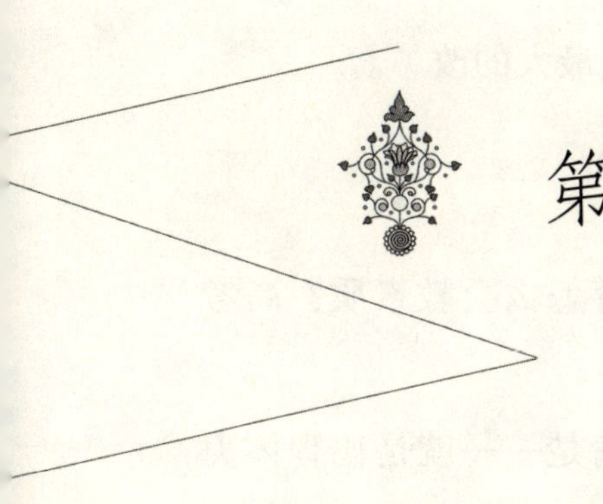

第四捆

说高考

14. 高考为何不考创新

考试招生制度改革是教育系统最关键、难度最大的改革。

只要高考存在，它的指挥棒作用就无法避免。

与其抱怨高考，不如用好这个指挥棒。

面对功利的国人，高考不考素质，基础教育怎么会教素质？高考不考创新，基础教育怎么会教创新？

怎么教、教什么才是素质教育？这点已经清楚——就是德智体美劳全面教、全面学、全面发展；素质教育怎样才算成功？这点也已清楚——就是培养出创新人才。

高考改革，就是要通过高考这个指挥棒，引导基础教育推进素质教育，深化课程改革，减轻课业负担，增强学生体质，提高学生的社会责任感、创新精神、实践能力，培养出创新人才。

《国家中长期教育改革和发展规划纲要（2010—2020 年）》第三十四条这样说：以考试招生制度改革为突破口，克服一考定终身的弊端，推进素质教育实施和创新人才培养。

第三十六条接着讲：完善高等学校考试招生制度。深化考试内容和形式改革，着重考查综合素质和能力。

据此，我们推导出这样的结论：既然教育的根本任务是“立德树人”，核心是全面实施“素质教育”，目标是培养“创新人才”，那么，凡是和“素质教育”“创新人才”这些关键要素相关的内容，都应该进高考；同时，2020 年全国要基本实现教育现代化，2018 年广东要基本实现教育现代化，现代化的教育培养出的创新人才应该具备什么素质，要通过高考来检验。

高考改革，首先应该解决好“考什么”的问题，其次才是“怎么考”的问题。

高考考素质，基础教育一定会推进素质教育。

高考考创新，基础教育一定会培养学生的创新精神、创新能力。

高考指挥棒转了，基础教育就会跟着转。

通过高考改革，要达到这样的导向效果——学校、教师争先恐后地对学生进行素质教育；学生争先恐后地学习德智体美劳以及科技、创新知识，参加德智体美劳以及科技、创新活动，真正提高社会责任感、创新精神、实践能力，成长为创新人才。

有几个问题需要提醒：

第一，考素质、考创新不能增加学生负担，不能在现有基础上“加一块”。

第二，要适当降低语、数、英考试难度，这样才能减负，才能为素质教育腾出空间。

第三，要适度压缩语、数、英在高考总分中的比例，增加“素质”“创新”在高考总分中的比例，强化素质教育的导向作用。

高考命题，不但要有考试研究专家、高校教师、中学教师参与，还要有其他行业的专家、有思考深度的家长参与。通过具有代表性的命题队伍，把高等教育对学生的要求体现在高考中，把基础教育改革成果体现在高考中，把社会、行业、家庭对考生素质能力的要求体现在高考中。

15. 考验大学

为了激发高校内在活力，为了推动高校贴近国家需求、社会需求、群众需求，为了推动高校与国家和区域经济结构调整、产业转型升级相结合，要改革高考录取办法，以前的原则是“大学主导，双向选择”，现在的原则是“考生主导，双向选择”。

高考录取取消一本、二本的区别和限制，取消公办院校、民办院校的区别和限制。所有本科院校同时录取，所有专科院校同时录取。

根据考试成绩，划分几个批次，从高分到低分，考生依次投报志愿。高分考生可以优先选择任何学校、任何专业。

这样的做法，是把主动权交给考生，交给家长，交给社会。哪个学校好、哪个学校不好，哪个学校的哪个专业好、哪个专业不好，把投票权、评价权、选择权交给考生，交给家长，交给社会。

对学校来说，是取消行政性、政策性的限制和保护。学校和专业要直接面对社会、面对市场、面对就业、面对群众、面对家长和考生。办得好，地位就上升；办不好，地位就下降。

结果是：好学校，可能有差专业；名气不大的学校，可能有很受欢迎的专业。

怎么设专业、怎么搞教学、怎么搞科研、怎么搞管理、怎么搞宣传推介，学校看着办。

这样做，水平高的学校应该有底气，因为你水平高，或者你自以为水平高，不怕竞争；水平不高的学校再也不要说：我本来水平高，是人为的政策“天花板”限制了我的发展。

办得好的学校和专业、社会认可度高的学校和专业，就扩张、就发展、就占有更多的优质资源；办得不好的学校和专业、社会认可度不高的学校和专业，就萎缩、就调整、就关门。

学校、专业间的激烈竞争，逼着学校集中力量办好优势学科、特色专业，走提升内涵的优质特色发展之路。

录取工作完成后，学校要公布每个专业的最低分、平均分。录取了分数特别低的学生，必须向社会说明理由。发现徇私舞弊、拉关系、走后门、搞不正之风现象，不但要纠正录取结果，该学校、该专业在下一年度高考录取中要接受“延迟录取”的处罚。也就是，延迟进场录取时间，让你录不到成绩好的学生。

这种办法，把市场配置资源的原理运用到高考录取改革中，不复杂，难度不大，不需要增加投入，可以营造平等、开放、自由的竞争环境，可以最大限度地调动高校积极性。

以前总是大学考验别人，现在让大学接受考验。

16. 空战　实战

高考作文，占的分数比重很大。

作文成功，语文考试基本成功。

高考作文应该考什么？

是考“说得好不好”，还是考“能不能把会干的事说好”？

是考嘴皮子，还是考思想和能力？

是考先会干、再会说，还是考只需会说、不必会干？

是考实战能力，还是考虚构水平？

这个问题，至今没有很好地解决。

隋朝科举制度实施以来，高考一直考命题作文，考生基本是在“对空作战”——面对虚构的题目、虚构的范围、虚构的前提，考生做虚假的陈述、虚假的论辩、虚假的判断……

总之，虚的成分过多、不敢面对现实、不愿联系实际，缺乏基本的规定性、缺少起码的客观性，答案无边无际、标准的随意性没有限制，只要自圆其说、头头是道，就能得高分。至于说的这一套是不是符合现实、管不管用，都不是评价重点。

“目标”“梦想”“他们”“起点”“渴望”“星空”等等题目，海阔天空、天马行空，由你写、随你写、任你写，写到哪里算哪里……

结果，高考考出了不少罡风劲吹、九天驰骋的人；考出了无数花言巧语、能说会道的人；考出了很多眼高手低、志大才疏的人；没有考出对现实问题有独特分析判断的人，没有考出能干会干的人。

通过作文考查学生的语言文字运用能力是应该的，但不能让作文考试成为内容空洞的文字游戏。

语言文字是思想行为的附丽，思想行为不存在，徒有其表的花言巧语有何用？

倘若学生对现实中的具体问题有独到见解、深刻分析、恰当判断，何愁用语言表达不出来呢？

所以，高考作文不能再空对空，必须从“空战”转为“实战”——联系实际情况，面对具体问题，考题有一定的现实针对性，答案有一定的客观规定性，以此考查学生分析问题、解决问题的素质和能力。

能分析问题，会解决问题，运用文字表达思想肯定没问题。

这样的题目比比皆是，比如：

《喜羊羊与灰太狼》《猫和老鼠》之比较；

给中学语文课本编辑们的一封信；

……

17. 给特色发展留空间

高考改革方案公布，人们松了一口气，又捏了一把汗。

松一口气，是因为高考改革的争论、探索终于有了结果，避免了犹豫和摇摆。

捏一把汗，是因为统一模式、统一命题，必将带来统一教材、统一教法、统一人才培养机制，造成人才类型、人才素质能力、人才队伍结构的同一单一，无法满足经济社会发展对多样化人才的需求。

偌大的国家、无数的领域、千差万别的孩子，归结于同质化的人才队伍，后果不敢设想。

所以要提醒：统一要求之下，应该给特色发展留空间。

第五捆

说教师

18. 教育大计　教师为本

百年大计，教育为本。

教育大计，教师为本。

教师之于教育，是关键的关键，核心的核心，灵魂的灵魂。

教师是教育工作的组织者、实施者。没有教师，就谈不上教育。没有好教师，就谈不上好教育。

没有教师队伍的现代化，就谈不上教育现代化。

学校教育工作，类似于“非物质文化遗产”。教育活动由教师、学生的活动承载，教师、学生的活动停止了，教育工作就不存在了。为此，必须重视活动场所——教室（学校硬件）、技术拥有者——教师、使用材料——教材、制作工艺——教学方法、组织形式——课堂。

教育理念是教育活动的基本指引。“有教无类”“因材施教”“学以致用”“学而不厌，诲人不倦”“读万卷书，行万里路”“知行合一”……优秀教育理念千百年来脍炙人口。“厚德载物”“兼容并包”“博学、审问、慎思、明辨、笃行”……所有大学校训，都是教育理念的昭告。

一位教师，如果拥有优秀的教育理念，又有优秀的教学方法，就具备了优秀教师最重要的素质，加上爱心与恒心，一定能够教出优秀的学生。至于设备条件，倒不一定是最重要的。

距今 2 500 多年前，孔子杏坛授课，恐怕没有什么教学设备，甚至连黑板都没有，但 3 000 弟子，个个成才；抗战期间，辗转流离的西南联大，连摆放课桌的安静之所都找不到，但因为有一批大师级的优秀教师，在烽火连天的岁月为国家培养了大量优秀人才。这些都得益于优秀的教师。

教材之于教育，好比工业生产的原材料、农业生产的种子肥料。原材料质量差、性能差，造不出好产品；种子肥料品质差，长不出好庄稼。

教学方法之于教育，好比工厂的加工工艺、田间的培植方法。加工工艺不过关，产品性能上不去；培植方法有缺陷，粮食产量品质都无法提高。

课堂之于教育，好比土地之于农民、车间之于工人。课堂组织形式，既是贯彻教育理念、实践教学方法的过程，还涉及教育工作效率。一对一地教、一组一组地教、一个班一个班地教，不但影响教育质量，还影响人才培养数量。一位优秀教师，一辈子才教出几名学生，一所自以为了不起的大学，一年才培养几十个学生，即使质量很高，要对国家社会做出大贡献，恐怕很难。

教室、教师、教材、教法、课堂是教育工作的基本条件，其中教师的重要性，怎么强调都不过分。

19.“教”有奥妙

“有教无类”“因材施教”的教育理念，几千年来生机勃勃。

“有教无类”——人人可以成才。

“因材施教”——成才之路各不相同。

有人说，“有教无类”能做到——对所有的孩子充满信心就行了；“因材施教”做不到——教师不可能样样精通，把每个学生教到位，即使教师样样精通、十项全能，也没有精力把每个学生都教好。

其实，不必担心。

“教”有奥妙：手把手是教，启发是教，指导是教，鼓励是教，参与是教，分享学生的兴趣和探索成果也是教；给学生的兴趣探索以鼓励，给学生的兴趣探索留空间，给学生的兴趣探索搭平台，让学生的兴趣探索成果展示应用，都是教。

如果学生某方面的兴趣探索成绩超过了教师，甚至可以“给教师当老师”，那不正是我们期待的精彩效果么？

几千年过去，对优秀教育理念的理解运用做适合当下实际的调整，九天之上的先哲们，一定会心地微笑。

20. 更新观念：刻乐学习

兴趣，是学习最大的动力。

对学习的厌倦，是对学生学习积极性和发展潜能最大的、根本性的伤害。

为什么有些孩子小小年纪就厌倦了学习？因为学习单调重复、枯燥无味、机械呆板、负担过重。

"刻苦学习"是早已固定的观念。"头悬梁、锥刺股""凿壁偷光""囊萤映雪"是我们教育孩子的苦学经典。

如何把"刻苦学习"变成"刻乐学习"？

或者说，如何改进教学方法、提高学习效率？如何在学习过程中让学生减轻负担、减少痛苦、增加乐趣？这是教育工作必须解决的问题。

世世代代，我们相信这些规律和圣训："天将降大任于斯人也，必先苦其心志，劳其筋骨，饿其体肤"，"不经苦中苦，难为人上人"，"宝剑锋从磨砺出，梅花香自苦寒来"，"失败是成功之母"……也就是说，通过读书得来的美好生活，必须经过努力再努力、痛苦再痛苦、挫折再挫折、忍耐再忍耐、煎熬再煎熬，直至痛苦得非常深刻、刻骨铭心方得认可。

有人这样说，学生们受教育的过程，实际上是一个反复承受痛苦和挫折的过程——不努力的要努力，努力了的要更努力，更努力的要坚持；努力只是态度，考试成绩好才是结果；一次好成绩是偶然，每次成绩都好才是真本事；每次成绩都好也不能骄傲，骄傲了成绩就会滑坡；平时考试都有好成绩也不说明问题，高考考出好成绩才是目标……

从进校门开始，在多年连续不断、无数回合的考试考验中，无论是态度还是方法，无论是方法还是效果，只要你在几个关键环节上顶不住、熬不过，就会滑落，就会滑落得一塌糊涂，甚至会从学习的滑落，连带变成整个人生的滑落。

枯燥乏味、简单机械的重复训练，让学习成为责无旁贷又无可奈何的“神圣苦差事”。

毫无疑问，美好生活要通过辛勤劳动得来。

不怕吃苦，不等于不讲究方法、不讲究效率；努力学习天经地义，但不一定非要达到“苦”的程度；保质保量无可厚非，但不能急功近利、透支学生的精力和热情。

刻乐学习，何乐而不为呢?

脚踏实地、艰苦奋斗、不投机取巧、不心存侥幸，这样的学习态度有中国传统文化的深层次背景，也符合中国人在艰难困苦中生存奋起、不屈不挠的精神。但不讲究方法、不注重兴趣、不评价效率，一味求“苦”、“苦”得“深刻”的学习方法，显然需要改进。

如果把学习成绩比作收益，学习时间、负担、痛苦就是成本；成本过高，就会亏本；长期亏本，生产无法持续，就会失去兴趣和动力；对学习兴趣的伤害，是对学生终身的、最致命的伤害；伤害过深，学生对学习产生厌倦甚至厌恶情绪，从此学习兴趣大减或者兴趣全无；一旦厌倦厌恶了学习，努力学习、继续学习、终身学习都无从谈起，更不用说全面发展、创新创造了。

把“刻苦学习”变成“刻乐学习”，关键在教师，途径在课堂，突破口在教学方法。

让学生成为课堂的主角，让学生对课堂充满兴趣，让学生对实习实训实践充满期待，关键在教师对学习内容的深刻理解、精心设计。

至于教学方法，可谓琳琅满目：满堂灌、一言堂、启发式是我们惯用的方法；现在互动式、探究式、案例式、研究式、验证式、翻转式百花齐放。具体怎么用，因师而异，因生而异，因时而异，因地而异，因学习内容而异，因目标任务而异。

如果“刻乐学习”能够实现，我们的教育理念、教育方法、教育过程、教育结果、人才培养机制都会发生巨大变化。

21. 创新方法：转换主角 激发兴趣

教师教，学生学；

教师讲，学生听；

教师布置作业，学生完成作业；

教师前面走，学生后面跟；

教师安排好一切，学生被动地执行。

这是我们已经习以为常的教学模式。

随着认知规律、教学规律研究的不断深入，随着教学方法探索的不断深入，传统的人才培养模式正在发生变化，教师为主、学生为次，教师主动、学生被动的现象正在被新的教育理念和教学方法代替。

教学过程中，教师和学生是互动关系，两者的积极性都充分发挥，才有好的效果。

角色转换，是教师必须做到、必须做好的。

学习过程中，学生是主角，教师在主导；学生是演员，教师是导演。表演的主体是学生，不是教师。教师的任务是通过组织、策划、启发、指导，挖掘学生的潜能，激发学生的才能，让学生动起来、活起来、找到兴趣、学会方法、掌握知识、获得能力。导演最大的成功，是帮助演员尽快进入角色、创造性地发挥表演才能，如果导演自己披挂上阵去演戏，演员待着、闲着，就错位了。

教师有意识地“隐退”，有意识地把学生推到前台，一开始可能不习惯，反复练习，教师就习惯放手了，学生也就大大方方“当家”了。

学习变成学习者自己的事情，积极性、主动性、责任心、深入程度、方法效果会大不一样。

22. 提升能力：教师会不会创新

美国的教育异想天开——学生任何稀奇古怪的想法都会得到鼓励；

芬兰的教育心无旁骛——教师和学生沉浸在圣洁的教育童话王国中不受打扰；

德国的教育理智冷静——精准、精准，实训、实训；

犹太人的教育好比宗教——至高无上；

中国的教育呆板枯燥——作业、作业，考试、考试……

教育的目标是培养创新人才。

我们总是反思为何没有培养出创新人才。

原因在哪里？一是高考的导向作用；二是教师队伍的素质能力问题。

要培养学生的创新精神、创新能力，请问：教师有没有创新精神、创新能力？

如果教师的创新精神、创新能力不足，培养创新人才就是一句空话。

“旱鸭子”教练能不能教出游泳冠军？卖烧饼的师傅能不能培养出做西餐的徒弟？恐怕不能。

教师队伍创新精神、创新能力不足，已经成为培养创新人才的最大制约。

提升教师队伍的创新精神、创新能力，是培养创新人才的当务之急。

提升教师队伍的创新精神、创新能力，不是理论问题，而是实践问题。

提升教师队伍的创新精神、创新能力，不是认识到位、说一说就行了，而是要一点一滴落实到课堂上，一言一行体现在教学中。这里，至少有两个要点需要很好地把握：

第一，如何看待课本知识——课本知识是“死”知识，还是“活”知识?

如果是“死”知识，死记硬背就可以了；如果是“活”知识，就可以讲得生机勃勃，学得情趣盎然。如果是“死”知识，照本宣科、照葫芦画瓢就可以了；如果是“活”知识，它便是一个优秀范例，由此可以生发出无穷无尽新奇鲜活的同类知识。

第二，如何定位课本知识——课本知识是目标，还是工具?

如果是目标，教学活动的牵引力是“向内”的，把课本内容写3遍、抄10遍、记牢、背熟就行了；如果是工具，教学活动的牵引力是“向外”的，通过课本，掌握工具，运用工具，探求课本外的新知识，解决实践中的新问题，提高素质，形成创新创造能力。

哪个正确？一目了然。

23. 教师队伍建设八件事

围绕更新观念、创新方法、提升能力，教师队伍建设还有许多事情要做。

第一件，加大校长培养培训力度。

校长是学校的灵魂。

校长是学校的“一把手”。

一个好校长，可以带出一个好团队，带出一个好学校。

校长思想开了窍，就会想办法建设好的教师团队，培育好的校风学风。

我们经常说，推动工作要“领导重视”“重视领导”，校长就是学校的领导。重视校长，就是重视领导；校长重视，就是领导重视。

所以，培养培训校长，事半功倍。好校长名校长要给荣誉、给地位、给待遇、给任务。

第二件，加快教师培养速度。

特别要加快音乐、体育、美术、幼儿教育、特殊教育、心理健康教育、信息技术教育教师培养速度。

第三件，加大教师培训力度。

加大教师培训力度，特别要加大山区农村教师培训力度。要层层下任务，充分调动市县教师培训积极性，全员培训山区农村教师。把培训经费分给基层，大多撒了胡椒面。钱花了，事不彰。粤东西北应当定点建设教师培训基地，连片集中开展教师培训。珠江三角洲要对口支援粤东西北地区的教师培训工作。

第四件，加大教师交流力度。

教育均衡，主要体现在师资均衡。有计划、按比例开展中小学教师交流，是促进教育公平均衡的有效办法。

教师交流有难度，可以从易到难，逐渐推开。相邻学校就近交流，马上做；县区内交流，积极做；跨县区远距离交流，逐步做。

第五件，按照全口径帮扶要求，市与市结对子、县与县结对子、学校与学校结对子，通过交叉、挂职、换岗等形式，强化教师培训。

现在有教育资源下乡、特级教师支援团、千校扶千校等项目，但力度不够，精细度不够。要形成长期帮扶、共同进步、共同提高的良性机制。校长培训校长，教导主任培训教导主任，班主任培训班主任，教师培训教师，精准安排，全方位对接，“走亲戚”，常来往，不断加深友情。

第六件，改革中小学教师职称评审办法，促进教师培训交流。

发达地区中小学教师评高级职称，必须有 1 年以上到山区农村支教经历；欠发达地区教师评中级以上职称，一定要参加规定的培训；发达地区教师志愿到欠发达地区支教，可以优先评聘相应的职称。

第七件，充分发挥名校长、名教师、特级教师的带动作用。

师傅带徒弟，教授带研究生，名老中医带新医生，名校长、名教师当然也可以带出自己的优秀校长团队、优秀教师团队。现在的名教师工作室，作用没有发挥出来。全省的特级教师都应该建工作室、研究室，请他们带团队，团队里的成员边学习、边观摩、边当助教、边实习，这不就是职业教育里的实习实训吗？

第八件，建设教师培训基地。

没有基地，就没有硬件依托，也很难建立严格的制度和标准。加强教师培训基地建设，可以发挥长远效益。广东“师”字头高校有 5

家，要重点投入，让它们成为教师培训的骨干基地。同时，还要根据教师队伍结构特点，通过竞争，选择建设新的教师培训基地。

每年教师节，要评若干名代表广东水平的名校长、名教师，大张旗鼓地表彰，请省委书记、省长给他们发奖状，形成众星捧月、万众瞩目的声势，激发广大教师的自信心、自豪感。

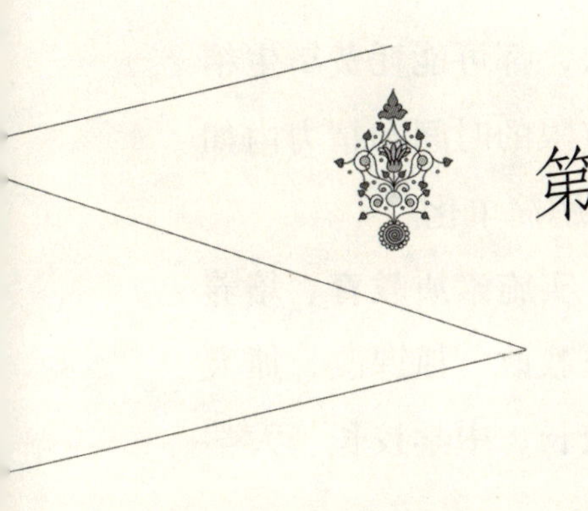

第六捆

说基础教育

24. 教改课改　精耕细作

教育的事情千头万绪。每一件事持续做下去，都可能耗费毕生精力；每一个问题深挖下去，都能写几本书。在有限的时间和精力内如何应对无限的工作任务？方法很简单：把复杂问题简单化。

学校层面：激发学校内在活力，立德树人、实施素质教育、培养创新人才，更新观念、创新方法、提升能力，抓教改、抓课改，抓人才培养机制创新。这是校长的责任，包括小学校长、中学校长、大学校长。

教育系统层面：优化整合资源，增加优质学位，解放教育生产力，实现公平、均衡、特色、高质量、多样化。包括优化整合基础教育资源、职业教育资源、高等教育资源。这是教育厅、教育局的责任。

社会层面：抓住创强、均衡、现代化几个重点，争取更多的资源投向教育；提高教育质量，促进经济社会发展，引领经济社会发展，满足群众需求。这是各级党委政府的责任，教育厅、教育局要积极争取。

从事教育工作，无论理念多么好、想法多么妙、目标多么吸引人，最终都要通过教室、教师、教材、教法、课堂落实到学生身上。否则，一切都是空谈。

通过教室、教师、教材、教法、课堂，实现教育理想，贯彻教育理念，就是“教学改革”“课程改革”。

“教改”“课改”，就是解决“教什么”“怎么教”的问题。

以前对“教改”“课改”的重要性、紧迫性认识不够，投入精力不多。我们站在校园外面谈教育，站在教室外面管教育，没有进教室，没敢进教室，所想所讲所做常常隔靴搔痒，没有到“骨”到“肉”。

这种现象的存在，看似是工作方法问题，实际上是干部队伍素质能力现状造成的——我们的干部，大多没有学校工作经历，上级文件背得熟，学校情况不太熟，没时间深入基层，没底气面对教师教授。这种状况，影响了教育工作的针对性、准确性。

教育工作要扎实到位，必须躬身下田、精耕细作，埋头搞“教改”“课改”，通过教室、教师、教材、教法、课堂，推进素质教育，培养创新人才。

“教改”“课改”短期难以见效，也不会掀起轰轰烈烈的高潮，还可能费力不讨好，但确实需要教育工作者实实在在的精耕细作，必须长期坚持，成为常态。

站在校门外，气宇轩昂、高屋建瓴做指示，校园里面是什么情况却不甚清楚；站在教室外面，表情凝重、态度严肃地提要求，教室里、课堂上是什么状况反而不熟悉。这样的管理模式和工作方法，实在是太见“外”了。

25. 对着禾苗做报告

办教育、管教育不进课堂，站在教室外面指手画脚，站在校门外面夸夸其谈，就像农民种地不下田，站在田边滔滔不绝发表重要讲话，给禾苗提要求、讲道理，要求禾苗乖乖地快点长大一样。

这样的做法，比揠苗助长更滑稽可笑。

教育管理，不缺坐而论道的演说家，缺的是躬耕田园的操作者。因为“术”的层面没有实干经验，所以“道”的层面越说越远、越讲越空、越说越起劲。

教育，不能只是夸夸其谈讲理念，而要孜孜不倦、含辛茹苦地精耕细作。无论多好的教育理念，都要通过教室、教师、教材、教法、课堂去实现。

基础教育，死记硬背、单调乏味的重复训练过多，不能激发学生兴趣。改变这种现状，要解决两个问题：

第一，解决主次错位问题。

长期以来，我们把教师看成教学活动的领导者、管理者，学生是被领导者、被管理者。教师的高明，一是有学问，二是课讲得好。教师教，学生学；教师前面走，学生后面跟；教师教什么，学生学什么。一切天经地义。

今天的观点是：教师是教学活动的组织者、设计者，学生是学习的主体。学习过程中，学生是演员，教师是导演；表演的主体是学生，不是教师。教师的任务是通过组织、策划、设计，挖掘学生潜能，激发学生才能，让学生动起来、活起来、找到兴趣、学会方法、掌握知识、获得能力。如果教师口干舌燥从头讲到尾，学生兴味索然、无动于衷，这样的教学难有好效果。

导演最大的成功，是帮助演员尽快入戏，尽快进入角色，准确把握人物心理行为特点，创造性地发挥表演才能，把人物演得惟妙惟肖、气韵生动。演员找不到感觉，导演要亲自披挂上阵去演戏，那是导演工作的错位和失败。

第二，改变单一精纯、整齐划一的标准。

国人缺乏多元化文化精神和多元文化视角，凡事都要求整齐划一，容不得多元共存，很难求同存异。在学校管理、学生管理上，更是如此。

诸多教学方法中，满堂灌、一言堂、启发式最喜欢用、习惯用，为什么？因为这三种教学方法符合国人的思想行为习惯：一是保证了教师的主导地位、权威作用；二是保证了专心听讲、鸦雀无声、整齐划一的课堂秩序；三是有标准答案。其他诸如互动式、探究式、案例式、研究式、验证式、讨论式、翻转式等教学方法，效果虽然好，也受学生欢迎，但课堂秩序“乱糟糟”，学生们的争论会“吵翻天”！这还得了?!

教师放弃权威，课堂不再整齐划一，标准答案失去作用，我们不习惯。

其实，讨论“吵翻天”、课堂秩序“乱糟糟”，正是孩子们思维活跃、积极探求的思想火花闪烁。

全面教育、特色发展、多样化成才，这才是教育花园应有的景象。

26. 学学企业　兼并重组

公平均衡，是基础教育追求的首要目标。

公平均衡欠缺，对群众的影响是：优质学位太少，孩子上不了好学校。

增加优质学位，是促进教育公平、促进教育均衡最重要的手段、最迫切的任务。

通过增加优质学位，满足群众对优质教育资源的需求，让更多的孩子上好学校，让更多的孩子上理想的学校，缓解择校矛盾。

增加优质学位的具体做法是，整合教育资源，增强优质教育资源的影响力、辐射力和带动力。

现在，义务教育入学、巩固都不是问题，高中阶段教育已经普及，问题是优质学位不足。所有孩子都有学上，但没法都上好学校。教育部门的任务是尽快大幅增加优质学位。

推动优质学校扩张，联合、兼并、重组其他层次的学校，组建联合学校、教育集团，优带差、强带弱，让好的更好、强的更强，让差的尽快好起来、弱的尽快强起来。这些做到了，择校就减少了，择校费就不会成为热点了，老百姓就满意了。

谁好，就让谁占有更多的资源；谁强，就把更多的资源交给谁管理支配；谁的贡献大，谁的报酬就多。让高水平的校长、高水平的教育专家、高水平的教师团队尽可能多、尽可能大地发挥带动辐射作用，这对国家、社会、家庭、孩子都是极大的好事。

在学校联合、兼并、重组过程中，优秀校长是关键，优秀教育理念是灵魂，优秀的人才培养机制扩张、扩散是核心，教师队伍素质能力提升、教学方法改进是手段。

一个教育集团、联合学校，要选好核心学校、中心学校，让核心学校起带头引领作用，通过校长和教师流动，带动优秀教育理念、管理模式、教学方法扩散流动，从而提高整个教育集团、联合学校的水平，达到增加优质学位的目的。

贡献大，回报当然要多。新增优质学位应当按数量、质量给予奖励。

27. 水流而平

水平，水平，水为何会平？

答曰：水因流而平。

水不平，便会流动。

水流动，结果达致平衡。

教育均衡，主要是教师均衡。

如何实现教师均衡？

答曰：教师流动。

通过一定的资金投入，学校硬件可能相差不大，差距大的是师资力量。

择校择什么？主要是择教师队伍。

因此，建立合理的机制，保证教师队伍均衡配备、合理流动，是促进教育均衡的重要手段。

一位校长、一名教师在一所学校工作几年、十几年、几十年，环境熟、人熟、离家近、待遇好，总想保持原状。

流动，打破原有平衡。

从未组合匹配过的要素集合在一起，形成新环境，相互碰撞磨合，建立新平衡。这便是流动的结果和意义，也是通过校长教师流动达到教育均衡的结果和意义。

校长教师流动，除了环境待遇变化，还会涉及家庭、孩子、收入、住房、医疗、养老等问题，需要实事求是地解决。

就近流动，要加快推进。

县城流动，要坚决推进。

远距离流动，要创造条件积极推动。

人员流动是形式，优秀教育理念、优秀管理模式和教学方法流动是目的。

28. 学学马云

跟马云合伙创业已经不可能了，接下来能够和马云合作的项目，恐怕只有帮马云数钱了。

阿里巴巴在美国上市，马云身家1 300亿！

凭什么？

马云聪明。

马云赚了大钱，但马云不造产品，马云不开商店，马云不是顾客，马云也不倒买倒卖。

马云凭智慧创造了一个交易平台。

即便是平台，也没有青砖、水泥、钢筋等建筑材料。

马云的平台是虚的，一堆理念、一套程序、几台机器。

马云的平台上，工厂、车间、仓库、商店是信息流，商品是信息流，钱是信息流，逛商店是信息流，交易过程是信息流……

马云的平台没有时间和空间限制，无论你在地球哪个角落，无论黎明、黄昏，你想来随时来，你想逛随时逛，你想买随时买……

马云让商家不必开实体店就能卖掉产品，马云让顾客坐在家里就能买到称心的商品。

马云把做买卖这一件原始、古老、通俗、巨量、老套、随处可见、毫无新意的事情弄成了“万能的时髦”！

所以，马云一下子赚到1 300亿！

应该！

不要临渊羡鱼了！说说我们的教育信息化吧。

比教育资源下乡、千校扶千校、教师流动、对口支援等搬动人力更方便、更快捷、更有效地实现教育均衡的手段，就是教育信息化。

教育信息化是教育现代化的重要手段和载体。没有信息化，就谈不上教育现代化。

通过信息网络传输优质教育资源，不怕山高，不怕路远，不怕颠簸，不怕山区工资低，不嫌农村生活条件差，只要有光纤，城市的优秀师资、优质课程，都可以源源不断传送到山区和农村。

教育信息化，让城市孩子有啥，山区农村的孩子也有啥；城市学生有好教师，山区农村的学生也有好教师；城市孩子有精彩课堂，山区农村孩子也有精彩课堂。

教育信息化，可以使山区农村和城市教育资源的差距大幅度缩小，区域教育均衡取得大幅度进步。

做到这些，我们离马云的水平就越来越近了。

教育信息化，对粤东西北山区农村教育均衡发展，具有点石成金的作用。

教育信息化，要学学马云，学学阿里巴巴，学学淘宝，学学京东。

教育信息技术部门，就是优质教育资源配送中心。用户在哪里已经清楚，网络基本完备，组织优质教育资源，送到粤东西北山区农村的教室课堂。

您也是马云！

29. 减负马上行

有一个项目叫作“减负万里行”。

一看这名字，就知道减负行不通。

减负要走10 000里？恐怕坚持不下去。

走10 000里后才减负？中途早就倒下了。

条件苛刻难以达到，开价太高无法满足，减负没诚意。

把“减负万里行”变成“减负马上行”，行不行？应该行！

每周一天没作业行不行？应该行！

国家法定节假日没作业行不行？应该行！

周六、周日作业变成体育锻炼、社会实践行不行？应该行！

减负除了发通知、提要求，必须用更好的办法引导和实践。教育考试院、教育研究院应该经常设计一些能够激发学习兴趣、减轻作业负担、提高学生素质能力的“创意作业”登在报纸上，挂在网站上，推荐给学校学生和家长！各类考试中，多使用“创意考题”，把学生从干巴巴的“写3遍”“抄5遍”“背10遍”中解脱出来，减负就不用“万里行”了！

教育考试院、教育研究院要通过新的考试模式、新的考试题型不断告诉社会：我们要考什么、我们要怎样考，以此引导学校教师家长学生立德树人、推进素质教育、培养创新人才，而不是藏着掖着，和教师捉迷藏、让考生猜心思。

这样高明地减负行不行？肯定行！

30. 增强体质　提升素质

让学生懂得音乐、懂得戏剧、懂得舞蹈、懂得绘画，具有欣赏形式美的眼睛，具有欣赏旋律美的耳朵，进而具有崇尚真善美的心灵，是学校美育的任务。

让学生具有健全的人格、健康的身心、健硕的体魄，成为健康的劳动者、创造者，是学校体育的责任。

然而，仅凭几节音乐课、体育课、美术课不可能完成这样的任务。

音乐、体育、美术素质的养成，需要大量的时间积累。交流、展示、比赛组织工作复杂，场地环境要求特殊，费用需求高，有时还有一定的危险性。如何做？如何做得更好？答案是：小范围大体育，小平台大美育。一是要在学校层面搭建音乐、体育、美术交流、展示、比赛平台，培育音乐、体育、美术交流、展示、比赛品牌，大力开展音乐、体育、美术交流、展示、比赛活动，让音乐、体育、美术素养一点一滴融入学生的技能、素质、精神品格之中。二是要大力开展县区层面的音乐、体育、美术交流、展示、比赛活动。县区层面，人口数量有限、学校和学生数量有限、范围距离有限，可以降低音乐、体育、美术活动组织的复杂性、危险性，降低活动费用需求，照顾学生年龄及身心特点，保证活动的质量和特色；县区层面，有较为单一且鲜明的历史、文化、民俗传统，更有利于把学校音乐、体育、美术教育和地方历史、文化、民俗传统结合起来，让学校音乐、体育、美术教育扎根于地方历史、文化、民俗土壤中，起到提高学生素质，传承地方历史、文化、民俗传统的作用，获得地方政府和群众的理解支持。比如五华的足球，台山的排球，佛山的武术、醒狮、龙舟，此外还有粤剧、潮剧、汉剧、雷剧，广东音乐、潮汕音乐，粤菜、潮菜，粤绣、潮绣，开平碉楼、客家围龙屋，南海Ⅰ号、南澳Ⅰ号水下考古，潮州木雕、肇庆端砚、雷州石狗、沙湾飘色，岭南画派……形形色色的地方历史、文化、民俗品牌信手拈来、比比皆是。省级教育部门定思路、提要求、给支持、多指导，县区教育局组织实施，这样的话，音乐、体育、美术教育一定会百花齐放、争奇斗艳。

如果把音乐、体育、美术教育作为建设特色学校的抓手，效果还会更精彩。

第七捆

说职业教育

31. 职业教育与众不同

职业教育以技能为核心、以就业为导向的模式，与全面发展的人才培养理念大不相同。

“以技能为核心”，一上场马上专注于一项或几项具体层面的“技”或“艺”，没有在宏观“道”的层次上下功夫，没有长时间“厚积”、耐心等待“薄发”，过早地限定了学习探索的空间，不是全面发展的教育。

“以就业为导向”，过早地把学习与岗位、饭碗联系在一起，针对性增强了，但免不了有急功近利、走不远飞不高的嫌疑。不但不是全面发展，甚至连成名成家的梦想都打消了。

人生一开步，便有无限的可能性，这是一件多么令人激动的事！

人生一开步，便知结局，实在乏味。

这里，只是辨析教育理念，绝无贬低职业教育之意。

相反，蓬勃发展、欣欣向荣的事实，证明职业教育的理念和路子是正确的。

将职业教育蓬勃发展、欣欣向荣的事实倒推回理念层面，结论是：与“全面发展”教育理念并存的，还应该有“特色发展”“多样化成才”。否则，教育理念和教育现实便不合拍。

职业教育在中国只有短短20年，但它取得的成就有目共睹。

在目前中国教育各个门类中，职业教育最具活力。

职业教育与众不同，甚至是个优秀的“另类”。

全面发展的教育理念，坚持了半个多世纪。

全面发展的教育，是要让学生学到更多知识，获得更多能力，展示多方面才华，取得多方面成功。

简单地说，全面发展的教育理念，就是要培养“全能冠军”。

为了全面发展，对学生的教育、特别是低年级学生的教育，面要尽量地宽，基础要尽量地厚，不能忽略或者错过学生发展成才的任何可能性。

换一个角度讲，学生的学习和成长，不能过早地确定某个方向、瞄准某种职业，更不能过早地拘泥于某个工作岗位。学生什么都要学，学习目标要尽量高、尽量远、尽量大。要尽量多地“厚积”，在探索前进中慎重地“薄发”。面对未来，青少年好比站在广场中央，哪个方向都可能走通，哪个方向都要走一下。过早地下结论、简单武断地下结论，会留下遗憾。

全面发展的教育理念，要尽可能摒弃功利驱使，让学生获得尽量全面且丰富的营养，为学生成才成功开辟尽量多的道路。

正因为如此，中国的孩子从牙牙学语开始，父母就教他立大志、做大事——要当科学家、发明家。“家”当得越大越好，对国家和人类的贡献越多越好，跨越飞腾幅度越大越好……

职业教育出现之后，情况不同了。

职业教育的独特之处就是，无论中职还是高职，都瞄准企业行业产业的某个工种、甚至某个岗位，进行应用型、实用型、操作型人才培养。在这里，全面发展教育理念指导下“广其范围，厚其基础，多方尝试，全面开花”的人才培养模式被颠覆了，代之而来的，是为了某项技术、某门手艺、某个工作岗位而学习，甚至是为了就业和饭碗而学习的培养模式。

全面发展的教育，让教育工作高远、神圣、博大精深；职业教育，则是直接、清晰、立竿见影。

全面发展的教育，长在“全”，短在“虚”；职业教育，长在“实”，短在“全”。

两者若相辅相成，倒是完璧。

职业教育出现，适应了国家经济社会发展的需求，适应了产业转型升级的需求，适应了青少年教育成长的需求，适应了完善教育体系的需求。这么多的需求加在一起，使职业教育成了生逢其时的宠儿。

职业教育成功的现实，丰富了教育理念层面的内容，那就是：全面教育、特色发展、多样化成才。

32．职教超车

2014 年暑期广东高校领导干部读书班上，几位高职院校的书记校长讲：广东的综合性大学赶超全国先进水平，要走的路子可能会长一些；广东职业教育规模大、基础好，如果省里再多一些重视，赶超全国先进水平，见效可能更快……

这话尽管有屁股指挥脑袋的嫌疑，确也道出了部分事实，引人深思。

职业教育是新生事物，目前仍处在百家争鸣、群雄竞起、蓬勃发展的起步阶段，市场尚未瓜分完毕，座次还没有排定，下点力气，可以很快见效。

全省中职、技校在校学生 228 万人，超过普通高中；170 万本专科学生，接受职业教育者达到一半；全省中职、技校、高职在校学生 300 万人，是个很大的群体。

职业教育成绩显著，但不是十全十美，对内要解决好完善职业教育体系，优化职业教育结构，建立健全考试招生、教学实训、考核评价体系等问题；对外要处理好与企业的关系，与企业抱得越紧越好、贴得越紧越好。讲得具体些，职业教育仍有不少需努力改进之处：一是专业设置、课程内容与企业产业行业要求有距离；二是学校定位不清晰、特色不鲜明、专业化程度不高；三是“双师型”教师队伍建设思路方法有偏差；四是教学方法、人才培养机制需要进一步优化；五是职业教育体系不完备；六是校企合作“两张皮”的问题一直未能很好地解决。

其中，教师队伍质量、校企合作深度，是影响职业教育质量的关键因素。

加快现代职业教育体系建设，深化产教融合、校企合作，培养高素质劳动者和技能型人才等内容写入《中共中央关于全面深化改革若干重大问题的决定》，“现代”两个字怎么理解？一是与经济社会发展紧密相连、高度融合；二是通过高素质、技能型劳动者队伍建设，引领经济结构调整、产业转型升级、自主创新、绿色发展等未来经济发展的新趋势、新方向。

33. 亲爱的　贴紧点

20 年来，职业教育政策最稳定、最清晰。

职业教育培养应用型人才，瞄准工作岗位。围绕“应用”，紧贴企业行业产业，最大限度地满足企业行业产业对高素质劳动力的需求，这是职业教育的办学思路。

职业教育要贴紧企业行业产业。

第一，要研究、吃透、利用好广东的产业优势。广东是经济强省、制造业大省，有极好的产业纵深，轻工、家电、服装、食品、饮料、电子、信息、制药、出版、印刷、汽车、石化、航空、船舶、建材、物流、动漫等方面优势十分突出。这里所说的优势，包含两层意思：一是技术领先，二是市场占有份额大。这两条决定了与这些企业行业产业相关的生产、运输、安装、维修等需要大量受过专门教育的高技能人才，职业教育与它们的合作空间不可估量。

盯紧一个或几个行业，盯紧一个或几个产业，盯紧一个或几个有影响力、有代表性的大企业，加快融合、加快渗透，在这些企业行业产业发展中起到举足轻重的作用，这就是职业教育要做的事情。

第二，发展现代职业教育，要有利于优化广东高等教育结构。广东高等教育医科、文科比重较大，工科比重偏小，这与广东经济强省、制造业大省的地位不相称。在快速发展职业教育过程中，要特别鼓励扶持工科院校发展，弥补这方面的不足。

第三，特色、专业化是现代职业教育的命脉。目前高职院校专业设置有个性的不多、有特色的不多、雷同化趋势明显。每个学校都有汽车修理、空调、电子、国际贸易、会计、外语、文秘等专业，教学方法、教学效果、学生的素质能力大同小异，非我莫属、鹤立鸡群、占领制高点者不多或者没有。学生好像什么都会，什么都不精；什么都能说个大概，却什么“绝活”都拿不出来。

与此同时，一些学校专注于电梯、地沟油转化利用、面包烘焙、动漫、厨艺、农产品加工等专业，办学特色、人才培养特色逐渐显现，在企业行业产业布局中触角越伸越长，根越扎越深，地位作用越来越巩固。如果这些专业能坚持办好、形成专业群学科群、学校专业化程度不断提高，对企业行业产业的影响力就大不一样了，在全国的地位也就大不一样了。

第四，要引领未来。广东确立的八大战略新兴产业是：高端新型电子信息、LED、新能源汽车、生物、高端装备制造、节能环保、新能源、新材料，现代职业教育在“紧跟”生产和市场的同时，还要与新兴产业“同步”发展，更要起“引领”作用。

职业教育和企业行业产业最好能像热恋中的情人，走得越近越好，贴得越紧越好，你中有我、我中有你才正常，不必羞羞答答。

我们鼓励大企业整合职教院校，把职教院校办成企业的“培训部”。

我们鼓励职教院校捆绑大企业，把大企业作为职教院校的“实习实训部”“就业部”。

我们鼓励职教院校和产业集群携手同步、互为支撑。

职业教育与企业的界限不能划清楚，否则便是职业教育的欠缺和失误。

你中有我、我中有你才正常。

根据广东省统计局提供的数字，2013 年，广东的电子信息、汽车、办公设备、家用电器等36种工业品产量占全国总产量的50%以上；2013年，全省342个专业镇，GDP总量1.8万亿元；2013年，全省工业总产值超千亿元的专业镇6个、超百亿元的专业镇13个……

如此雄厚的产业基础，如此深广的产业纵深，为职业教育发展提供了得天独厚的条件。

职业教育要“开门办学”，从产业行业入手、从大企业入手、从身边的企业入手，融合到产业行业企业中去，把教学、科研、实习实训融入企业生产。同时，要把产业行业企业标准、需求、人才、技术引入学校，让企业参与学校教学、科研、实习实训，增强校企融合度、黏合度、同一度，提升人才培养质量。

课本里的知识、方法、标准重要，企业车间里的知识、方法、标准更重要。如果两者只能选其一，职业教育应该选后者而不是选前者。

无米下锅，实在无奈。

米粮如山，煮不出好饭，责任在我们自己。

34. “双师型”教师哪里来

职业教育培养应用型、技能型人才，教学重点是培养学生的动手能力、实际操作能力。

什么样的教师擅长培养学生的动手能力、实际操作能力？

当然是生产一线的工程师、老师傅、能工巧匠。

从职业教育“双师型”教师应该具备的动手能力、实际操作能力来看，来自企业一线的工程师、老师傅、能工巧匠具有先天优势；来自普通高校的毕业生，带着固有的不足。

当然，来自企业一线的工程师、老师傅、能工巧匠可能不具备熟练的教学技巧，可能不善言辞，可能基础理论功底不扎实。但如果对工程师、老师傅、能工巧匠加强教学技巧和基本理论的提升，同时对来自普通高校的毕业生加强工厂车间实际操作能力的补足，最终占上风的可能是工程师、老师傅、能工巧匠。

所以，“双师型”教师不是学校教出来的，而是生产一线实践中干出来的。

建设职业教育“双师型”教师队伍的最佳方法应当是，从工厂企业一线选择工程师、老师傅、能工巧匠，对他们加以教学技巧、基础理论训练，而不是从普通高校接收毕业生，再放到企业去补实际操作的课。目前的做法，没有抓住职业教育方法和目标的规律性，想当然地按传统套路弄来很多博士硕士，做法不对，效果不佳。

面对“木已成舟”的现实，一是要加大从工厂企业工程师、老师傅、能工巧匠中引进教师的力度，最大限度地扭转“双师型”教师队伍建设中出现的偏差；二是让准备到职业教育院校任教的毕业生尽早下工厂、下车间，补充实际操作能力的不足；三是让现有的职业教育教师到工厂、企业、车间去“回炉”，学技术、学加工、学操作。

来自普通高校的教师，强项是啃书本、钻理论、搞科研，实际操作不熟练、没经验，下车间蜻蜓点水学一下，马上就教学生操作，说不定自己手上先擦掉了一层皮。

企业的工程师、老师傅、能工巧匠怎么进入教师序列？怎么评助教、讲师、副教授、教授？这是天大的政策难题！

这个问题解决了，职业教育“双师型”教师队伍建设才能进入快车道。

提高职业教育质量的根本途径，取决于职业教育和企业的融合程度。如果有一天达到“职教的企业”、“企业的职教”的境界，两者成一家人了，职业教育教师队伍建设、教学实训等瓶颈问题，就会迎刃而解。

一名教师，同时具备“双师”能力当然是理想状态，实在不行，就由两名教师各承担“一师”的任务。两名能力特长不同的教师合起来，是“双人双师”。也就是说，如果同时具备两种能力的“双师型”教师队伍建设有困难，就应该注意教师队伍的结构问题——一部分教师长于讲师教授的讲课能力，另一部分教师长于工程师的操作能力，两者合起来，也是“双师”。

千万不能硬着头皮让“单师”充当“双师”。

35. 企业的职教　职教的企业

我们总是抱怨企业对学生实习实训不热心、校企合作“两张皮”，症结在哪里？

因为职教院校太自私。

校企合作，企业出力，学校受惠。

企业主要是付出，学校全部是收获。

学校只算自己的账，没替企业着想。

学校只强调自己的需求，没想到合作伙伴也有需求。

到企业实习实训的学生，都是初出茅庐的“生手”，不熟悉设备，不熟悉原材料，不熟悉加工工艺，生产效率低，成品率低，弄不好还会出安全事故。

企业是市场主体，有订单、有任务、算成本、追求利润最大化，学生实习实训纯粹是增加负担、碍手碍脚。

这样的事，企业怎么会乐意干呢？

这样单向受惠的“合作”能不一边热、一边冷吗？

有没有想过，企业为学生实习实训付出的同时，学校能为企业做些什么？能帮助企业解决什么问题？能为企业提供什么支持？

如果校企合作过程中实现双赢，双方的付出和回报大体相当，企业能从校企合作中得到它想要的东西、解决它想解决的问题，企业一定热情主动，甚至争先恐后。

学校与企业全方位深度融合的契合点、接入口在哪里？

员工培训、解决技术难题、产品研发、企业管理、企业文化建设、企业发展规划……这些方面，学校为企业服务可以大有作为。

总之，学校不能仅把企业当作“可以利用的平台”，而且要把企业当作“生命共同体”“生存共同体”。学校要介入企业生产、销售、管理、经营、规划所有环节，使学校成为与企业血肉相连的有机体，使企业成为与学校休戚与共的有机体。

学校和企业苦乐相随，同舟共进，就达到了全方位深度融合。

校企合作过程中，学校要把企业的困难当作自己的困难，把企业的需求当作自己的需求。企业什么时候、什么部门、哪个环节有困难，学校都能挺身相助。这样，学校才能对企业形成吸引力。

学校把企业当一家人，企业自然会把学校当一家人。

一家人，自然不会“两张皮”。

大企业应该参与职业教育、整合职教院校，把职教院校建成企业的培训部；职教院校应该千方百计捆绑大企业、渗透进大企业，把大企业作为职教院校的实习实训部、就业部。

口口声声你为了我、我为了你，何不“拉埋天窗”过日子?

36. 顺水行舟　逆水行舟

完善的职业教育体系至今仍未建立起来，症结是本科层次的职教院校数量太少，职业教育硕士博士更是空白。

多年的理想无法实现，要么是条件不具备，要么是思路方法不正确。

构建现代职业教育体系，思路是引导普通本科高等学校转型发展，方法是采取试点推动、示范引领等方式，引导一批普通本科高等学校向应用技术类型高等学校转型，重点举办本科职业教育。

这样的做法是顺水行舟，还是逆水行舟？

第一，普通本科高校没有转型的内在需求和动力。普通本科高校和本科职业教育，走的不是一条路。普通本科高校的教学理念、教学方法、教学设施、教师队伍的素质特长，与本科职业教育完全不同。普通本科高校从轻车熟路转到另一条陌生道路，没有内在需求和动力，政府也不可能给优厚条件吸引它彻底转型。

目前的日子过得很滋润，为什么要改弦易辙、另起炉灶？

第二，即使有优厚的条件，转型也未必成功。数十年来，普通本科培养综合性人才驾轻就熟，突然让飞机走山路、拖拉机飞上天，教师观念能力、学校设施设备、外围配套条件都不适应。即使努力，多数是费力不讨好。

第三，普通本科高校数量、招生数量并没有出现过剩，没有必要人为强行转型。发展本科职业教育，目的是适应国家经济转型升级需求、弥补高等教育结构欠缺、优化高等教育结构、提高人才队伍质量，缺啥补啥，为何要挖东墙补西墙?

绝大部分的普通本科高校是新中国成立后所建，经过几十年的努力才有了目前的模样，人为转型，时间、过程、结果都充满未知数。20 世纪 50 年代高校院系大调整的余波刚刚平息，我们又来一次。

引导普通本科高校向应用技术类型高校转型的做法是“没有困难创造困难也要上”。这样的做法，耗时费力，成效不彰。

眼皮底下，高职升本望眼欲穿、望穿秋水!

为什么不让现有高职院校中的佼佼者升本呢?

高职若干年内不升本，这样的做法是否符合教育规律? 是否符合当下教育工作现实?

基层想干的事，上级没兴趣；上级想做的事，基层不积极。上级做事，事倍功半；基层干事，事倍功半。自己制造困难，自己克服困难，不知做了多少无用功，唯独不知遵从规律、顺应民意。

放开优秀高职让其升本，尽快完善现代职业教育体系，合民心、顺天意、符合教育现实、遵从教育规律，可以极大激发教育活力，是当下教育发展新的增长点!

贻误了这个战机，我们要后悔很多年!

轻松愉悦干工作没意思，困难重重闯荆棘才觉得过瘾；顺势而为、顺水推舟没意思，自造困难、逆势而上才显出决心和魄力。我们总是“逆着来”，喜欢在扭曲和痛苦中体验成功。

假使高职院校学科专业发展水平参差不齐，那也可以开辟新模式——高职院校中达到本科水平的专业升本，其余仍保留专科水平。

本科专科共存、高职中职共存，职业教育链条才会连起来，才符合职业教育的办学规律。

理想状况是——职业教育的中职、高职、本科、学士、硕士、博士体系尽快完善；普通本科、职业教育两条线都放开，平行竞争，良性发展；谁办得好，谁得到社会、市场、公众认可，优质资源就流向谁。

这样的思路和方法更符合规律、更有活力、更有质量。

37. 中高职融合是必由之路

职业教育中，中职教育是弱势群体，外围有高中、高职、大专、大学竞争挤压，内部有两个关键问题难以突破：一是规模效益问题，绝大部分中职学校校园只有十几亩、几十亩，教室、宿舍、饭堂、图书馆、操场、实训室五脏俱全，很难扩大发展；二是办学层次低、就业层次低、吸引力不够。

出路在哪里?

一是与高职融合，解决中高职衔接问题；二是中职学校自己整合，优化资源，优化布局。

否则，路子越走越窄，困难越来越大。

早融合，早主动；晚整合，很被动。

省会城市、中心城市、珠江三角洲经济发达区域，中职教育的吸引力不大。广东的中职教育，应该重点布局在粤东西北地区。

中高职衔接的“五年一贯制”应该是常态，不衔接应该是例外。

38. 看看校长的电话本

职业教育培养应用型人才，实践教育是第一位的。

职业教育应该多实践、少理论，多动手、少动口，多车间、少课堂。职业教育的好学生是生产岗位一刀一枪练出来的，不是背书本考出来的。

职教院校校长电话本里，企业家朋友电话号码的数量多少，是衡量职业教育到位与否的最直观标准。

职业教育最理想的状态是课堂、车间连在一起。

职业教育的校长们、院系主任们，要和企业家、工厂老板、车间主任交朋友，经常到企业看看，看看你用的教材和车间岗位的需求一样不一样；看看你的训练方法，和车间岗位的需求一样不一样；看看你的实训设备，和车间岗位使用的设备一样不一样……

校长电话本里企业家朋友越多，职业教育水平越高。

39. 培养素质还是培养技能

培养素质，还是培养技能？一直是我们讨论的问题。

过分强调培养素质，可能流于“空”——只有高空流云般的理念，没有身体力行的能力；一味强调培养技能，易于囿于“实”——过早、过多地专注于岗位技能，知识面窄，理论基础薄，发展潜力不足。

正确的理念应该是素质、技能并重。

普通本科院校的学生应该是“素质 + 技能”，职教院校的学生应该是“技能 + 素质”。

普通本科教育，遵循全面发展的理念，要培养统领全局的全能冠军、高端精英。但事实上，能够达到这一水平者凤毛麟角、少之又少。按照“全能冠军”培养的学生，绝大多数成了普通劳动者。

职业教育，过早地将目标瞄准具体工作岗位，限制了学生的发展空间，埋没了学生向更高层次发展的潜能。这样的教育理念，与“全面发展”背道而驰，但恰与“特色发展”吻合。这样的学生，又是经济转型、产业升级、新型工业化阶段特别需要的。

谁对谁错？孰是孰非？不能妄下结论。

社会需求是多方面的，人才类型和人才的素质能力也应该是多元的。正因为如此，才要不断强调学校的特色个性，强调学校的不同定位和不同担当。

对培养全面发展的全能型人才的综合型学校，应当提醒它们注意培养学生身体力行的实践能力、动手能力、实际操作能力，以免眼高手低、纸上谈兵；对培养应用型人才的职业教育院校，应当提醒它们注意培养学生宽厚的基础、长远的眼光、扎实的理论功底，以使学生能够从具体的岗位技能出发，拥有宽广的上升空间。

这也算素质、技能组合的辩证法。

第八捆

说高等教育

40. 用力放松

请您“用力放松”。

高校应该有稳定、和谐、宽松、自由的学术氛围，教师应该在轻松、自由的环境中行云流水般地开展教学科研工作。“百花齐放，百家争鸣”不单适合于文艺创作，也适合于高校教学科研工作。创造让教师醉心于学术研究的环境，建立有利于优秀人才脱颖而出的机制，让广大教师通过自己的努力，运用自己的智慧，通过日积月累，创造出能够撬动地球、撬动月球、撬动火星、撬动宇宙的科研成就，是高校管理的目标。

我们抓工作，习惯用“加强”“抓紧”“用力”，“进一步加强”“进一步抓紧”“进一步用力”等方法。用这种方法，是为了给高校创造稳定、和谐、宽松、自由的环境氛围。

也就是说，要用“加强”“抓紧”“用力”的方法，营造高校稳定、和谐、宽松、自由的氛围。

怎样“进一步用力”，怎样“进一步放松”，两者都要做，都要做好。在加强党的领导方面，在坚持马克思主义意识形态在高校的主导地位方面，在加强学生的思想政治教育方面，一定要加强、再加强，用力、再用力；在创造宽松的学术研究氛围方面，要放松、再放松。

所以说，请您“用力放松”，相信大家能做好。

请您“按照标准做出特色”。

高等教育不能没有标准。没有标准，就无法对高等教育质量进行考核评价；高等教育又不能有太具体的标准，否则就限制了高校的创新创造活力，造成千校一面，使学生成为生产线上生产出来的标准统一的产品。

高校不能没有特色。没有特色，就失去了高校存在的最大意义。

高校特色以及通过这些特色培养出来的人才，从思想方面、人才队伍方面、技术方面为社会发展提供源源不断的动力。新思想、新人才、新技术，在不同时间段、不同层面、不同角度、不同方向、不同行业领域，不断地推动社会进步。

标准是统一的，特色是多样的。

现在，提标准多一些，提特色少一些。按照标准做出特色，在整齐划一中千姿百态。既要高大威猛，又要风情万种；既要能走正步，也要会走猫步。不是标准不重要，不是特色不重要，不是不要标准，不是不要特色，而是要按照标准做出特色。

所以说，请您“按照标准做出特色”，相信大家能做好。

请您“独立自主，与我同行”。

高校专业怎么设置？学科怎么建设？人才怎么培养？教学科研与社会需求怎么结合？这些是从事高等教育的工作者终生面临的问题。

高等教育，从理论到理论、从书本到书本的现象比较普遍。改革开放以来，强调高等教育与经济社会发展需求相结合，强调高校专业设置、学科建设、人才培养要回应社会需求。高等职业教育快速发展，直接把高校学科设置、教学方法、人才培养机制与产业行业企业紧密结合，“校企合作”“工学结合”“校中厂”“厂中校”，把教学与工作岗位需求紧紧贴在一起。

但是，不能忘记，除了尽快回应社会需求，高校还有另外一项重要任务，那就是：它的研究应该是超前的、超然的、超脱的、非功利的、形而上的。甚至说，它应该在象牙之塔里钻牛角尖——说不定什么时候就钻出一方大乾坤；它应该在茫茫荒原上孤独、执着、顽强地秉烛夜行——说不定什么时候突然迎来旭日东升、霞光万道、豁然开朗。

只有这样，高校才能成为社会和政府的思想库、智囊团、领航者。

只关注眼前的衣食住行、吃喝拉撒，没有更远的眼光、更深的思考，高校就失去了它重要使命的一大半。

回应社会需求重要，独立自主地思考、跳出急功近利的圈子、与社会保持适当距离更重要。

所以说，请您“独立自主，与我同行”，相信大家能做好。

41. 激发大学内在活力

办好高等教育，如果只做一件事，那就是激发大学内在活力。

家庭是社会的细胞。

学校是教育的细胞。

家庭不和谐，社会便动荡。

学校没活力，教育便死水一潭。

办教育，要把关注焦点放在学校层面。学校内部的积极性调动起来了，学校与学校之间的关系理顺了，教育的事情就干好了一大半。

激发大学内在活力，首先要充分信任大学和教师，给大学更多空间和自主权，给教师更多空间和自主权。

高校人才济济，精英云集，遍地都是教授、副教授，研究员、副研究员，博士、硕士。这么多高素质、高水平的人聚集在一起，他们的积极性有没有充分发挥出来？他们的合力有没有充分发挥出来？

一个齿轮转，自由自在；

两个齿轮一起转，谁带动谁？

三个齿轮一起转，是互相推动还是互相制约？

十个齿轮、一百个齿轮一起转，轻松吗？高效吗？位置合理吗？配置科学吗？作用恰当吗？

现在的情况是，管理部门想做的事情，学校积极性不高；学校想做的事情，得不到管理部门的支持。原因在哪里？症结在哪里？这个问题值得深入思考。

还有多少该放的权没有放?

还有多少不该批的还在批?

还有多少不该管的还在管?

正常状况是:该放的权都放,能放的权都放,可放可不放的权都放,学校基层要求强烈的权都放。

管理部门左一个工程、右一个计划,忙得不亦乐乎。请问,大学作为当事人,他们想干什么工程,管理部门知道吗?

以前教农民种田,教得大家没饭吃;教工人做工,教得物资极度匮乏,买什么都要用票证;现在还在教知识分子搞教学、搞科研,可见管理部门没有从历史经验中学到什么有用的东西。

运动员昏昏欲睡,教练观众啦啦队花枝招展、手舞足蹈,时间和机会就在这样的滑稽表演中一天天流走了。

加强规范管理,加强制度建设,犹如建了一道道水闸,水闸多了,工作质量、工作水平就能提高。但水闸多了,水流就不畅顺。管理水闸者、使用水流者如何协调同步?能不能在加强监督指导的前提下,让使用水流的人同时管理水闸?这些都有优化的空间。

政府决策听专家意见,重大难题找专家咨询,我们面对着成千上万的专家教授,却没有虚心听取他们的意见、充分尊重他们的意愿,还把他们指使得团团转。悠悠苍天,此何人哉?

42. 好头 好尾

领导身先士卒是应该的，领导事必躬亲是不可能的。

领导时时“领”、事事“导”是应该的，领导时时能高瞻远瞩、事事有真知灼见是不可能的。

除了把握全局、决定大事，领导最大的作用就是调动班子每个成员的积极性，激发团队每个成员的积极性，让每一个人都在自己的岗位上想方设法发挥“领”和“导”的作用，形成人人关心大局、个个谋划发展的“全员主动”局面。

刻苦的领导，独自背负沉重的包袱，领着群众往前跑；高明的领导，让团队所有的成员都乐意分担包袱的重量，大家一起快乐地前行。

把自己的理想变成群众的理想，把自己的理念变成团队的理念，把自己的热情变成每一个同事的热情，不显山、不露水、不张扬、不决战，融合在群众中间，起到关键作用，这才是英明的领导。

有甘当“尾”的心态，才能当好“头”。

高校实行“党委领导下的校长负责制”，有的学校的书记和校长经常为谁是“头”而嘀咕，其实大可不必。

党委管全局、抓大事，校长重执行、抓落实。

决策阶段，书记要有当“头”的担当，校长要有当“尾”的气度。

执行过程中，校长要有当“头”的魄力，书记要有当“尾”的胸怀。

以事业为重，襟怀坦荡，书记和校长在不同的工作环节，站对“头”、“尾”的位置，多做换位思考，多替对方着想，全力以赴支持对方的工作，一切都会和谐顺畅。

43. 大学的生产关系

现代大学制度，是大学的生产关系。

改革开放为什么要在农村搞“包产到户”、建立“家庭联产承包责任制”？

国有企业改革，为什么承包制效果不好，要搞公司制、股份制？

这是在寻找适合特定领域生产经营模式、生产力特点的生产关系。

每一个行业生产资料性质不同、生产经营模式不同、劳动力素质不同、产品特点不同，生产的组织方法、资源的配置方法也不同。

最适合大学的生产关系是什么？

大学的政治权利、行政权力、学术权力、民主权利怎么定位、如何配合，需要通过现代大学制度设计来解决。

现代大学制度，至少应当包括两方面内容：

对外——要规范大学与政府的关系、大学与政党的关系、大学与企业的关系、大学与社会团体的关系、大学与大学的关系、大学与科研机构的关系、大学与家庭个人的关系，等等。

对内——要规范党委、校长、党代会、教代会、董事会、学术委员会、教师、学生、院系、行政、后勤、教学、科研、社会服务等方面单向、双向、多向的权利、义务、责任、方法、界限关系，等等。

把对外对内无数个要素清晰定位在一个坐标系中；让 100 个、1 000个齿轮最恰当地组合在一起，轻松高效地运转；所有部门和个人各得其所，尽情地释放能量；所有部门和个人的能量加起来，释放出超过所有个体能量简单相加的更大能量。这便是现代大学制度要实现的目标，也是大学管理的理想境界。

建立现代大学制度的工作刚刚起步，制定大学章程是其开端。

制定大学章程，“对外”的部分高校没有发言权，“对内”的部分可以大有作为。

所有高校都自立门户制定大学章程，结果可能五花八门。如果能在不同类型、不同层次的院校中开展试点，利用广东“教育改革综合试点省”“先行先试”的有利条件，先树立标兵榜样，达成共识后，以此为共性基础，各学校根据自身特点，加入个性化内容。用这样的方法制定大学章程，高效又稳妥。

经常有人问：大学章程管用吗？大学章程能管住谁？

这个问题，反映了大家对大学章程作用的怀疑。

是啊，大学章程管用吗？大学承认，外界承认吗？如果大学管理运作过程中出现与大学章程相抵触的情况，大学章程是处理依据还是牺牲品？

大学制定大学章程，像是自言自语、自娱自乐，如果不能有效贯彻执行，便是对大学信心又一次精确打击。

这些担心，不无道理。

我们经常看到，从根本上起作用的法律制度，发挥作用总是缓慢的。尽管如此，建立这些法律制度是必需的。

无论如何，大学按章程运作、依制度管理，这是大学走向法治的根本出路。

大学章程不但是规范性、约束性的，更应该是开放性、激励性的。通过大学章程，激发大学内在活力，加快大学发展，才是目的。

现在终于启程，希望定在前方。

44. 二说教师会不会创新

教育科技，人才是关键。

没有高素质的人才队伍，人才队伍的积极性不能充分发挥，要想有好的教学成果、科研成果是不可能的。

教师队伍建设的任务是更新观念、创新方法、提升能力。高校教师队伍建设，更要强调提升教师队伍的创新能力。

基础教育讲培养学生的创新“精神”，是说学生有创新的“意识”和“想法”就行了，因为大量的基础知识还是要靠死记硬背、反复练习才能掌握。高等教育培养的人才，思想、年龄、知识结构、素质能力都趋于成熟，到了开花结果的时候，创新不能只有“意识”和“想法”，而是要真正形成“能力”。

培养学生的创新能力，请问教师有没有创新能力？

如果教师不会创新，怎么要求学生会创新？

因此，提升高校教师队伍的创新能力，是加强高校教师队伍建设、人才队伍建设的当务之急。

第一，提升高校教师队伍创新能力，首先要体现在教学上。

教师的首要任务是教学。

教学怎么创新？

教师如果会创新、会发明、有专利，早就去当 CEO、当大老板了，还在这里教书？

这个问题困扰着教师，也困扰着教育管理部门。

静下心来看，教师创新，不一定人人有发明、个个有专利。在教学中，可以用更多新方法、新视野、新角度挖掘阐释已经司空见惯的学术问题，在独立思考、大胆质疑、顽强探索、求新求异方面为学生树立思维方法、处事模式的典范；强化学生独立思考、大胆质疑、顽强探索、求新求异的思维方法、行为能力；让独立思考、大胆质疑、顽强探索、求新求异成为学生从事科学研究的思维习惯、行为习惯。

比如，李白的诗公认一流。但李白最大的理想不是当诗人，而是从政。教师可不可以从新的角度启发学生：李白性格浪漫、思维跳跃、到处云游、天天喝酒，假如他当官从政，会把他管理的州县治理成什么样子？

再比如，屈原的《离骚》千古流传。《离骚》《离骚》，满腹“牢骚”：大王啊，你身边全是小人，唯独我是君子，可你偏偏不喜欢我；你周围全是毒草，只有我是鲜花，可你偏偏把我拔掉……教师可不可以从新的侧面引导学生思考：屈原有远大抱负却不能实现，并最终走向自沉，他个人性格中有哪些不足？

这些教学的新方法、新思路、新视角是创新吗？当然是！

经过这样训练的学生，遇到难题的时候，一定会有自己独到的见解、独特的解决方法。

第二，提升高校教师队伍创新能力，要体现在科研上。

科学研究，是发现未知，是“无中生有”，是创新。

不会创新，没有发现前所未有的东西，没有开辟前所未有的领域，没有建立前所未有的方法体系，搞科研就是浪费时间、浪费金钱。

用老方法解决新问题是创新，用新方法解决老问题是创新，用新方法解决新问题更是创新。

因为思想僵化、方法陈旧，能够发现问题的人不多，能够找到新方法的人更少，能够用新方法解决新问题的人少之又少。所以，一有创新，便是明星。

刘翔得了冠军跟刘翔学跨栏，姚明红了跟姚明学投篮，这些都是跟风抄袭，毫无用处。

沃尔玛是创新，谷歌是创新，阿里巴巴、支付宝是创新，QQ、微信是创新，我们研究过吗？

第三，提升高校教师队伍创新能力，要体现在人才培养机制创新上。

“怎么教”，在基础教育阶段叫“教学方法”，在高校叫“人才培养模式”“人才培养机制”。说法玄乎一点，内容差不多。

不同要素的组合，可以产生“新模式”“新机制”；相同要素的不同组合，也可以产生“新模式”“新机制”……这中间，教师是组织者、策划者、设计者。

教师的创新能力提高了，人才培养机制创新便是水到渠成的事。

45. 聚焦学科建设

学科是大学的缩影，也是大学的支撑。

没有高水平的学科，就没有高水平的大学。

学科建设涉及人才、资金、方法、组织管理模式，能搞好学科建设，建设高水平大学就有希望。

着力提高教育质量，推动高等教育内涵式发展；促进高校办出特色、争创一流；办好中国的世界一流大学，必须有中国特色；“211 工程”“985 工程”“2011 计划”；建设高水平大学；加强高校“四重”建设；创新强校……都要落实在学科建设上，体现在学科建设上。

心态浮躁，方法错位，思路变化太多，热点转移太快，使得高校学科建设虽然红尘滚滚，但做法难以深入持久，效果难以显现。

正确的方法应当是：分类指导，突出特色，扶强、扶优、扶特、扶急，重远期收获，而不急功近利。

第一，学科分类是现成的。

第二，学校分类分层，不用费太大力气。

第三，把相同类型、相同层次学校的相同学科专业集中起来评价、排队，让每个学校的每个学科专业都明白在广东乃至全国同类学科专业中的次序、位置。

按照强、优、特、急的原则，筛选出每个学科专业的佼佼者。

“强”“优”“特”，大家都明白。“急”，就是国家、社会、行业急需的学科专业。

第四，对一定时期内成绩好、提升快、成果多的强、优、特、急学科给予扶持奖励。

扶持奖励办法固定、常态化、不搞运动。奖励增量，不奖存量。鼓励大家平心静气看问题，长远眼光计得失，脚踏实地搞建设。

第五，支持奖励不同学校相同相邻学科专业合作、交流、整合资源、形成优势、提高地位、实现突破。激活、唤醒不同学校打破壁垒、协同创新的内在动力和内在需求。

学科建设的内在动力、内在需求激发出来了，学科带头人培养、团队建设、体制完善、机制形成，教师们会自己想办法解决。

目标太多、期望值太高、心里太急、手脚忙乱，一条小鱼没等煎熟却翻烂了。

46. 教书是主业

教师，是知识接力、知识中转的枢纽。

教师，是知识集成、知识传播的集合。

高校，人才培养是第一位的。

教师，教书是第一位的。

教师，最重要的看家本领就是教学。

一些学校教师教学积极性不高，教学质量徘徊在较低水平，为什么？因为教师职业重心偏离和异化——教学方法、教学质量、教学成果在教师职称晋升、奖项评定方面不是硬指标。

教师传授的知识来源于三个方面：一是继承前人的研究成果；二是集合当代各家的研究成果；三是自己的研究成果。

将三者合为一体，传播给学生，便是优秀教师。

特别要强调的是，教师首先要有把既往、当下诸多研究成果综合融汇传授给学生的本领，而且这是最基本、最重要的本领。能够做到这一点，就是合格的教师。

在此基础上，倘能有自己独到的研究成果、研究心得，便是优秀教师。

如果仅仅把教师的论文当作评价教师是否合格、是否优秀的标准，那就偏离了教师的工作中心。这样的做法，损害了教师的自信与尊严，致使教师的工作重心和着力点发生错位，受害最深的则是高校人才培养的中心工作。

科研成果是教学工作的衍生品、沉淀物，而不是前置条件。

为了评职称，埋头于几篇论文，教学工作得过且过、马虎应付，是教师职业的异化、教师工作重心的错位。

现在的高校，不单是人才培养机构，也是重要的科研机构。有科学研究特长的教师，尽可以在科研方面大显身手、大展宏图。只是，不能因此忽视了高校最基本的功能，冷落了高校最正宗的“教书人”。

要提高教学质量，就要把教学成果作为教师职称晋升、奖项评定的硬指标、“硬通货”。

比如，“优质课程”，相当于一般性的论文；“优秀课程”，相当于高级别刊物的优秀论文；“精品课程”，相当于核心刊物的高质量论文。教学成果与论文一样，可以在评职称时发挥硬件作用。

如果能用三五年的时间，让高校 50% 以上的课程成为“优质课程”“优秀课程”“精品课程”，高校的教学质量、人才培养质量、高等教育质量一定会有明显提高。

47. 实践育人很重要

实践育人，不是单纯的德育概念，也不仅仅是思想政治教育的方法途径，更应该是德育、思想政治教育、知识教育、技能教育、综合素质培养多个目标融会贯通的实现形式。

运用课堂学到的知识技能，解决生产生活一线的具体问题，在此过程中了解社会，学习群众，把政治与业务相结合，把德智体美劳融会贯通，这样“复合型”的实践活动有血有肉，更能收到全方位育人的综合效果。

培养学生的社会责任感、创新精神、实践能力，必须重视实践育人。

“社会责任感”从何而来？

不接触社会，不参与实践，不知道社会的期盼，不明白国家的需求，不明白自己的定位和责任，不了解自己的优缺点，弄不懂自己想干什么、会干什么、能干什么、应该干什么，怎么会有“社会责任感”？

“创新精神”怎么培养？

书本知识，在它诞生的那一刻就变旧了；实践中的知识，每天都是鲜活的。不参与实践，连什么是新、什么是旧都分不清，更不用说解决新问题、发现新知识了。

闭门造车，当然能自圆其说；纸上谈兵，常常会慷慨激昂；面对现实中的矛盾和问题，能不能得心应手地解决，那才是真正的考试。

书本知识是前人实践的总结，能不能用于当下，还不一定。

书本知识阐述普遍规律，是不是适用于眼前“这一个”问题，还很难说。

书本知识是基本工具，掌握了工具，会不会解决问题，需要实践检验。

读书很用功，读进去了，待在里面没出来，这样的人不在少数。

“实践能力”更不用说了，不参与实践怎么会有实践能力？

实践育人，既包括课内，也包括课外；既包括思想政治教育，也包括知识教育、技能素质培养。

重视实践育人，首先要强化实践教学。人文社会科学类本科不少于15%，理工农医类本科不少于25%，高职高专类不少于50%，师范类不少于一个学期，这是必须完成的任务。

在强化实践教学的基础上，把课内、课外联通起来，把知识教育、人格培养、思想政治教育、综合素质培养联通起来，形成“德智体美劳融会贯通的全方位人才培养机制”，人才培养质量还会更高。

48. 说“钱学森之问”

新中国成立65年，国家发展有很多支撑因素，教育是最重要的因素。

没有教育的支撑，就没有国家的今天；没有教育的支撑，就不会有国家美好的明天。

今天奋战在各条战线、各个系统的科研教学劳动人才，全都是新中国成立后的教育体系培养出来的，他们是国家各项事业的主力军、擎天柱，更是国家未来发展的第一生产力、第一推动力。

毫不夸张地说，新中国的教育工作，为国家各项事业，特别是科技教育事业发展，建立了不可磨灭的功勋！

谈到此，不得不提起著名的“钱学森之问”。

2005年7月，钱学森对到医院探望他的温家宝总理说：要补充一个教育问题，培养具有创新能力的人才的问题。现在中国没有完全发展起来，一个重要原因是没有一所大学能够按照培养科学技术发明创造人才的模式去办学，没有自己独特的创新的东西，老是“冒”不出杰出人才。这是很大的问题。

“钱学森之问”，问得深刻。

这里有三层意思需要弄清楚：

第一，什么是“培养科学技术发明创造人才的模式”？那些培养出创新人才、杰出人才的大学是如何办学的？

如果仅作理论探讨，不容易说明白。用实例作比较，把中国大学和外国一流大学作对照，很容易看清楚。

第二，为什么“没有一所大学能够按照培养科学技术发明创造人才的模式去办学”？

“没有一所”，是彻底否定！

在钱学森看来，“按照培养科学技术发明创造人才的模式去办学”，中国是空白！等于零！不能不让人震惊！

这是为什么？

是外部环境不行，还是大学不行？

应该改变外部环境，还是应该改变大学？

如果是外部环境问题，说明政府没有按照教育规律办大学，造成了大学的苍白和病态。

如果是大学内部的问题，说明政府已经提供了足够条件，大学没有找到培养科学技术发明创造人才的办学模式，是大学自身存在缺陷。

第三，如何培养科学技术发明创造杰出人才？

前两个问题的答案找到了，解决第三个问题就容易了。

49. 二说“钱学森之问”

讨论“钱学森之问”，请注意下面的逻辑悖论：

①现在的科技人才是新中国自己的大学培养出来的。

②近年来科技工作突飞猛进，取得了举世瞩目的成就。

③权威科学家钱学森说我们的大学培养不出创新人才、杰出人才。

④不属于创新人才、杰出人才的科技工作者为什么取得了那么多成就?

⑤是钱学森说错了，还是大学存在明显缺陷?

⑥现有的大学在培养创新人才、杰出人才方面存在哪些不足?

“钱学森之问”，是否可以这样理解：

第一，大学的教育理念、教学方法、人才培养机制确实存在不足，离培养创新人才、杰出人才还有很大差距。

基础教育阶段，学生最大的任务就是写作业。学生除了上课，便是无穷无尽的作业。

中小学生每天写作业是单调、乏味、机械、重复的过程，和工厂生产线上工人们单调、乏味、机械、重复的劳动过程完全相同。我们确是用这样的方法培养创新人才、杰出人才。

与大学校长聊天：基础教育好比庄稼幼苗，用了很多力气，根扎得很深，苗长得很壮，大学到了结果子的时候，为什么结不出果子?

大学校长：基础教育单调、乏味、机械、重复的训练，让学生习惯于写作业、做练习、背标准答案，把独立思考、大胆质疑、顽强探索、求新求异的创新思想嫩芽都扼杀了，大学怎么会结出创新的果子？所以，进了大学，学生们又继续背标准答案，熬着毕业了。

可见，“钱学森之问”，符合事实。

第二，“钱学森之问”是在问：大学为什么培养不出像“我”一样的创新人才、杰出人才？

钱学森确实有资格问这样的问题。

以钱学森为代表的新中国第一代科学家，是在国家一穷二白、科技事业一穷二白的情况下，取得了震惊世界的成就。他们的成就前无古人。后来的几代人虽然不断取得新进展，但都是沿着前人铺就的台阶攀登，困难程度、创新力度不可同日而语。

第三，不能用“钱学森之问”简单否定中国大学的贡献。

“两弹一星”是新中国一穷二白土地上拔地而起的丰碑，确实令人叹为观止！几十年过去了，今天中国科技事业的发展水平、覆盖领域、复杂程度、对国家经济社会发展的贡献不亚于“两弹一星”。这一切，都是新中国的大学培养出来的科技工作者作出的。现在的优秀科技工作者，称之为创新人才、杰出人才当之无愧。

“钱学森们”做出贡献的年代，创新人才、杰出人才数量很少，所以“钱学森们”鹤立鸡群。今天，科技人才队伍庞大、数量众多，反倒觉得没什么稀奇了。

近看一棵大树，往往感到高不可攀；远望一百万棵大树，觉得不过是一片矮矮的森林。

经济落后的地方，人才稀少，天空特别蓝，天上的星星特别亮；经济发达区域，人才荟萃，雾霾重，烟尘多，天上的星星模糊不清。经济发展水平、空气污染指数、可见天体亮度、人才数量质量、心理感知差异，有时会发生奇异的关联！

第四，“钱学森之问”，问到了教育工作的痛处。

放眼世界，半个多世纪来，我们的大学确实没有培养出世界级出类拔萃的创新人才、杰出人才。

独立思考、大胆质疑、顽强探索、求新求异，这是创新人才必备的品质。其中“独立思考”是创新的关键前提。

我们的教育理念、教育实践，并没有重视培养学生独立思考的能力和习惯。这才是问题的症结所在。

50. 珠江新城移大树

一年可以建一座高楼，一年绝对长不出一棵参天大树。

为了开亚运会，广州大搞城市绿化美化，短时间内，花大价钱，从别处移来很多大树。一夜之间，古树参天，绿树成荫，煞是喜人。如果种树苗，要等十几年、几十年才能有这样的效果。

移大树，就是“买果子”。

把别处现成的果子花钱买过来，马上见效。

这样的办法如果在全省推广，广东17.8万平方公里的陆地，很快就成了绿化天堂；这样的办法如果在全国推广，960万平方公里的国土，很快就变成园林国度。

但是，有没有想过，我们有没有那么多钱买大树？即使有钱，有没有那么多大树可以买？

高校科研队伍，是国家科研队伍的主体；高校科研成果，占了国家科研成果的大部分。当下，高校科研队伍的活力还没有完全激发出来，高校科研经费还没有钱尽其用、物尽其用，高校科研成果水分不少、含金量有待提高。

高校科研工作，是学科带头人问题、科研团队问题、学科建设问题、管理体制和激励机制问题，涉及人、事和方法。也就是，什么人？做什么事？如何做得更快更好？

高校人才队伍建设，要处理好引进人才和培养人才的关系。

现在大家都明白，国家竞争、地区竞争、技术竞争，归根结底是人才竞争。高端人才是稀缺资源，人人都想要，处处都想要，大家千方百计挖来挖去。

引进人才，好像珠江新城移大树，移过来，马上成为风景。但移过来能不能成活？能不能扎根？能不能开花结果？这才是要长期关注观察的。

所以，不但要重视引进人才，更要重视人才引进后如何出成果、如何发挥作用。

如果花大价钱引进人才和团队，好吃好喝没成果，或者用我们的钱做出成果，人家又带走了，我们就成了“冤大头”。

比引进人才更重要的是培养人才，培养我们的“嫡系部队”。

自己的教师、自己的团队、自己的人才，已经出成果的要像引进人才一样给予重奖；还没出成果但有很好潜力的，要像引进人才一样给予重点扶持。

培养人才过程中，可以在教学、科研、团队建设、机制探索等方面获得更多经验，对高校教学科研工作发挥更深入、更持久的推动作用。

不是中国人、对中华民族没有深厚感情的外国人，为中国教育科技事业做出重大贡献的例子，至今还没出现过。

51. 隔山买牛　货到付款

高校科研经费使用效率低下，科研成果含金量不高，是众所周知的事实。原因是科研管理体制存在缺陷。

科学研究，是发现未知、创新创造。

既然是创新创造，设想、方法、步骤是否正确，都不知道，结果怎样，未可预料。也就是说，科学研究是在没有标记的荒原上行进，是在没有航标的大海上航行。

既然是前所未有，便没见过面。长什么样儿，不知道；脾气习性如何，不了解。也就是说，千辛万苦找到的，可能未必是想要的，可能未必是有用的。

总而言之，科学研究，失败的可能性非常大，这是科研工作的特点，大家都明白、都理解。

目前的科研管理体制，造成有些人钻空子，出现这样的怪现象：

“立项”，拉关系、走后门；

“拿钱”，兴高采烈；

“研究”，马虎应付；

“鉴定”，吃饭喝酒；

“结题”，皆大欢喜……

许多花钱不少、没有含金量或者含金量极低的科研项目畅行无阻，连大家都能原谅的失败都不愿意承认。

立项即拨款，没看到结果就付钱，相当于“隔山买牛”。有良心的，牵一只羊来；没良心的，拿了钱人跑了。需要鉴定吗？在风气不正的地方，让评委吃好喝好，哪有不顺利过关的？就这样，部分科研经费，通过合作单位，左转几个圈，右转几个圈，流进了个人腰包，变成了房产、汽车。

这样的管理模式，哪有不拿钱打水漂的？

重大科研成果获得荣誉和奖励，大家敬佩。

用科研经费发财致富，是赤裸裸的犯罪。

如何改进科研管理体制？

把“隔山买牛”和“货到付款”相结合。

国家或区域重大科技需求、已经具备雏形的科研项目，仍用“立项拨款、预订成果”的模式；其余，则用“货到付款”的模式购买已经成功的科研成果！

高校科研工作存在的问题，既有外部原因，也有内部原因。

从内部看，起码生活需求的巨大压力，分散了专家、教授、学者们潜心研究的专注力，拉低了专家、教授、学者们的关注焦点——为了买房、买车、弄钱，花了大量心思，个别人甚至不择手段。

从外部看，社会环境中消极腐败堕落现象，传染侵蚀了专家、教授、学者们的精神世界和道德操守。

科学研究是崇高的事业。科研成果要造福国家社会，绝不能成为弄虚作假、营私舞弊的捞钱手段！目的和手段，顺序颠倒了，位置错乱了，会出大问题！

下拨科研经费，必须要求项目承担者公布科研经费使用的详细账目。

审计部门审计，重点查校外合作单位、合作企业，肯定有大收获。

每年至少要把50%的科研项目经费支出账目原汁原味地公布于众，看看专家教授学者们的人格品行、道德操守能不能经得起考验。

第九捆

说民办教育

52. 民办教育大有前途

广东2 200多万学生，民办学校学生约占四分之一。

整体来看，因为升学率、生存竞争压力、数量多寡等原因，中小学阶段，民办学校两极分化情况明显。

因为师资队伍、管理水平、运营成本、经济效益等方面的原因，民办高校教学科研含金量与公办高校还有明显差距。

与民营经济率先蓬勃发展一样，广东民办教育也是教育领域嗅觉灵敏的先知先觉者。

以往情况表明，民办教育无论总量上，还是结构上，都出色地承担了加快教育发展、弥补政府教育投入不足、优化教育资源的任务，满足了群众多样化的教育需求，满足了群众对优质教育资源的需求，缓解了教育压力。

随着高考户籍限制放开，广东的学生数量还将增加，对幼儿园、小学、中学、大学带来压力。如何应对？除了政府加大投资建学校，发展民办教育是有效途径。

根据国外经验，公办教育和民办教育相互补充、相互契合、相对分工、共同发展，才是理想的教育结构。因此，关注民办教育发展、关心民办教育发展、支持民办教育发展是教育工作分内的事。

53. 为理想还是为赚钱

民办教育，是改革开放带来的新事物。

出资办学者，多是成功的民营企业家。

民营企业家在别的行业打拼赚了钱，便来投资办教育。一方面，教育系统内部学校品类、数量、结构存在不足，需要民营经济充实补足；另一方面，国家、社会、产业行业企业对劳动力要求日渐精准、严格、复杂，为民办教育生存发展提供了空间。

民营企业家都是市场经济大江大河里的游泳高手，对生产一线、市场一线的变化需求极其敏感，于是民办教育短时间内应运而生、蓬勃发展。

从出资者的初衷看，搞民办教育的企业家们，不乏怀揣教育理想的人，但大多数是看到了商机，想多元投资，拓展经营领域。也就是说，搞民办教育是投资行为。

投资必求回报。

大多数举办民办教育的人，经济利益放在第一位，赚钱是第一目标。这样的话，教育规律和教育举办者的目标就出现了矛盾。

办学校不同于经营企业，培养学生不同于制造工业品——即使智能手机，也没有生命、没有情感、没有主观能动性；学生有生命、有情感、有思想、能够经过思考决定自己的行为。汽车中凝聚不了太多思想；学生一定有道德、有信仰、有理想、有信念、有人生观、有世界观、有价值观。工业品投入市场，经济效益马上显现；学生要给学校带来声望、荣誉、经济方面的回报，周期很长，见效很慢。

所以，学校如果按企业流水线模式“生产学生”，就错了；学校举办者天天满脑子想着经济效益，一定办不好学校。

正因为如此，是把研究教育规律、遵循教育规律、实现教育理想放在第一位，还是把经济效益、赚钱放在第一位，这是民办学校举办者必须解决的问题。

解决得好，学校就办得好，长远回报就丰厚；解决不好，学校就办不好，急功近利的眼前回报可能有一些，但一定走不快、走不远。

有钱、有思想，可能办好教育。

有钱、没思想，肯定办不好教育。

54. 能不能又红又专

民办学校经常抱怨得不到应有的政策支持。其实，政府和社会对民办教育有一些说不出的担心。

教育有意识形态属性，“为谁培养人”“培养什么样的人”“怎样培养人”的问题不解决好，学生的政治立场、思想意识、价值观念有偏差，那是极大的隐患。

对民办教育的担心，就是质量问题。

政治上，是不是“红”?

专业素质能力上，是不是“专”?

“德”与“才”、“红”与“专”，含金量如何?

早年的教育目标是“又红又专”，现在的教育目标提“德才兼备”。无论说法怎么变，对学生的评价都是两大方面：一是政治素质，二是专业能力素质。达到“又红又专”“德才兼备”，就是“合格建设者”“可靠接班人”；达不到“又红又专”“德才兼备”，就不是“合格建设者”“可靠接班人”。

“专”“才”方面有欠缺尚可弥补，“红”“德”方面出差错不可原谅。

在教育目标、人才培养质量上，公办学校、民办学校没有差别。

如果公办学校把教育目标、人才培养质量放在第一位，民办学校把经济效益放在第一位的说法能够成立的话，政府、社会、教育管理部门、家长、学生对民办学校思想政治教育、专业能力素质的教育质量不能完全放心，就是可以理解的了。

所以，民办学校要站稳脚跟、赢得信任、加快发展，必须遵循教育规律，像公办学校一样，按照教育目标和人才培养质量要求，对学生加强思想政治教育，加强专业能力素质教育，绝不偷工减料，绝不打折扣，甚至要超过公办学校。

国外的私立学校之所以有名、之所以难进、之所以收高额学费，绝不仅仅因为它是“私立”，而是因为它的高质量、高含金量。

质量上去了，含金量上去了，即使收高额学费，家长学生也会趋之若鹜。那时，丰厚的回报，挡都挡不住！

民办教育刚刚起步，按教育规律办事，保证质量，大有前途。

55. 名校办民校

名校为什么热衷办民校?

一是优质学位不足，社会有需求；二是资金来源有保证，不必向政府求爷爷、告奶奶；三是经济效益好，回报丰厚，学校、校长、教师可以大幅度提高收入；四是符合市场经济规律。

名校的声誉、地位、师资力量、教育理念、教学方法、管理模式是现成的，有扩张复制的强烈愿望；社会资金是现成的，有追逐高额回报的强烈冲动；有特殊教育需求和支付能力的家长学生是现成的，而且规模巨大……

这么多四方期待、八面渴求、大家都有利可图、各方都急不可耐的要素凑在一起，简直是“干柴烈火加汽油”，谁阻挡得了?

经济利益驱动，是名校办民校的最大动力。

市场经济规律这只狮子，在从来被视为基础性公益事业的教育体系上，毫不客气地撕开了一个口子。

教育主管部门，应当客观评价这一现象。

教育市场化，多数人不赞成。但名校办民校确实是在市场经济规律驱动下，名校优质教育资源的快速扩张和复制，对优化教育结构、满足群众需求是一件好事。

名校释放出的是教育理念、管理模式、教学方法和部分教师，受益的是社会和群众，当然还有民间投资者。只要这种释出没有伤害到名校母体、有利于满足群众需求、有利于发展教育事业、有利于优化教育结构，这种模式就应该得到肯定。

改革开放前，谁曾想过出门走路要交钱？现在高速公路不收费已是例外。走路交钱，心中愤然；但方便快捷，慢慢便适应了——毕竟有好路走了，交点钱也值得。我们不是这样想通的吗？

当然，凡事都有个度。肯定名校办民校的模式，并不是说名校可以无节制地办民校。事实上，市场对名校办民校强烈渴求的高峰期已经过去。需求仍有，但趋于缓和。

名校办民校经过一段时间快速发展之后，名校应该回头承担更多对公共教育事业的责任，在公共教育领域扩张复制，带动公办学校提高水平。

逐渐划清名校、民校界限，让名校在公办教育水平提升中发挥更大作用，这是整合教育资源、增加优质学位过程中要做的。

名校办民校，龙精虎猛；名校带动公办学校提升水平，懒洋洋打不起精神，这是我们不愿看到的。

56. 用“期货”买青春

把事情的本质揭露得如此透彻，实在是残酷。

孔子曰：名不正，则言不顺；言不顺，则事不成。此民办学校教师之谓也。

各种法律法规都规定，民办学校教师和公办学校教师身份、地位、待遇相同，但事实上做不到。

制约民办教育发展的最重要因素是教师队伍不稳定。

我们把民办学校教师尊称为“老师”，民办学校教师却自认为是“打工仔”——给老板打工。

没有编制，待遇差，退休的后顾之忧得不到解决；心不安，流动性强，积极性不高，责任心差……这些状况，在民办学校教师队伍中相当普遍。

为什么不能把目前在岗的民办学校教师从“编制外”拉到“编制内”呢?

思路一：

民办学校教师，一部分从退休人员中返聘，他们的工资福利待遇已经固化。

中青年教师，董事会、董事长发了工资，买了保险。现在承诺：民办学校教师退休后，享受“三类事业单位”退休人员待遇。政府现在什么负担都没有，将来负担也不会重，即使有负担，也是若干年后才需兑现的“期货”。况且，民办学校教师不会同时退休，不会对社保体系形成突然的压力。

思路二：

设置严格条件（比如高级职称），一步到位，把目前在岗且符合条件的民办学校教师纳入“三类事业编制”。

随着事业单位改革深入，养老制度并轨，机关事业单位、民办企业、民办非企业退休人员待遇逐渐拉近，“体制内”“体制外”退休人员待遇差距越来越小，政府把民办学校教师纳入“三类事业编制”，负担会越来越小，甚至不会增加负担。

民办学校教师眼前得到的，只是一句话的“承诺”，是若干年后才能兑现的“期货”！

教育事业得到的，是一支没有后顾之忧、全身心投入教书育人工作的优秀教师队伍！

用“期货”买青春，何乐而不为呢？

全省民办幼儿园到民办高校，专任教师约30万人，学生约560万人。其中，民办幼儿园、民办小学、民办中学，具有中级、高级职称的教师约26 000人；民办高校，具有高级职称的教师约6 500人。

把两者加起来的32 500人纳入“三类事业编制”，可以为民办学校教师开通一条稳定可靠的上升道路，调动涉及560万名学生的民办学校教师队伍的积极性，激发民办学校活力——四两拨千斤，何乐而不为呢？

江苏省出台文件：凡是有国有资产成分的民办高校可以登记为事业法人，给事业编制；杭州市为了促进民办高校发展，专门为民办高校核定事业编制。确实是英明之举。

如果这件事能做成，解决了民办学校教师退休的后顾之忧，全国的优秀教师可能会蜂拥至广东，广东教育事业将激活一个动力强劲的增长点，取得又一次大发展。

如果这件事情能做成，还打通了公办学校、民办学校之间教师流动的渠道，实现公办学校、民办学校的良性互动。

此乃天底下独一无二的好事！

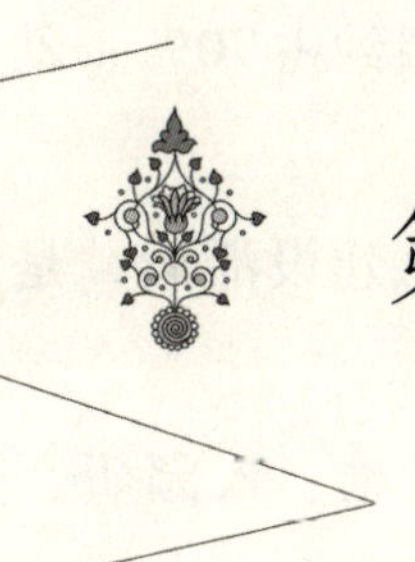

第十捆

说学前教育

57. 建园育苗

广东共有幼儿园约 13 800 间，其中民办幼儿园约占 70%；幼儿园孩子 345 万人，在民办幼儿园就读的约占 60%。

公办幼儿园数量严重不足、学前教育教师队伍建设滞后，是学前教育的突出问题。

公办幼儿园数量严重不足，是造成孩子入园难、入园贵、入园远、入园不方便的直接原因。

发展学前教育，最重要的任务就是多建、快建公办幼儿园。

学前教育阶段的孩子身心脆弱、生活自理能力差、不适宜远距离奔波、需要家长和教师贴身照顾、不可能住校等特点，决定了幼儿园规划要与居民社区融为一体，布局间隔适中，规模不宜太大，生师比合理，文化艺术体育老师、生活保育老师同时配备，教师还要兼任家长的身份……

大幅增加公办幼儿园数量，先解决“有”的问题，在此基础上精雕细琢，解决“好”的问题。

政府只管体制内、编制内、国营、公办、集体领域的事，民办、民营、私营、个体领域的事不管或者少管。这样做法的后果之一就是，政府管理的部门和领域持续相对缩小。反映在政治上，就是政府的执政基础不断萎缩。

民营经济、民营事业，一定要发挥民营力量的独特优势。但对民营经济、民营事业领域一些关键要素、关键环节，政府一定要有所作为甚至发挥决定性作用，这才符合国情。

58. 民办幼儿园一级棒

学前教育领域，民办幼儿园起着顶梁柱的作用，这点值得充分肯定。

促进学前教育健康发展，必须加强教师队伍建设。几方面的问题需要留心：

一是学前教育教师数量不足、标准不统一。

学前教育一直“游移”在公办、民办之间，导致学前教育教师队伍建设步伐不坚定、措施不得力。群众反映强烈，工作就加强；群众意见平息，工作就松懈。同时，由于就业竞争激烈，不少地方的幼儿园一味抬高幼儿教师招聘门槛，结果是受过正规教育的幼儿教师“无资格”从教，非学前教育专业的本科生、研究生纷纷当上了幼儿教师。

二是管理不规范。

非公办性质，导致教育部门对学前教育管理指导放松，幼儿教师成分复杂，有教师资格证的学历不达标，学历很高的没有教师资格证，还有的就是地地道道“看娃”的阿姨阿婆，几种不规范的情况同时并存。

三是分布严重失衡。

省会城市、中心城市、珠江三角洲城市环境好、条件好、待遇好，幼儿教师扎堆成群。山区农村急需幼儿教师，但幼儿园布局散乱、规模小、条件差、待遇差，没有多少正牌幼儿教师愿意去。

加强学前教育教师队伍建设，类似于加强民办教育教师队伍建设，要抓住关键，创造条件，打通出路，促进发展。

学历不够者补学历；教师资格不具备者强化培训；每年提供若干次考试机会，考试合格就发证；引导年轻幼儿教师到山区农村等欠发达地区从事幼儿教育。

办法不过如此。

第十一捆

说山区农村教育

59. 抬高底部

干工作常见两种思路：

第一种，从前面拉动——争第一名、争前三名、十佳、百强……好上加好，优中选优，百尺竿头更进一步，跨越、超越、超常规，树立标兵、模范、排头兵，大力宣传、表扬。

第二种，从后面推动——扶贫、攻坚，把最差、最落后的部分推上去，把底部抬高。

教育均衡发展，更需要后一种思路。

广东全省共有幼儿园和学校约31 000所，其中山区农村幼儿园和学校约占50%，在校学生约占基础教育、学前教育学生总数的30%。

山区农村的一切事业，都受其经济发展水平制约。

所有工作的难点、短板、底部都在山区农村。

山区农村问题解决了，其他地方的问题便不在话下了。

支持山区农村加快教育发展，应抓好四项关键工作：

一是加强硬件建设。加大力度支持山区义务教育标准化学校建设，多布点、多支持、多投入。彻底消灭危房，补充教学仪器设备，提高校园校舍硬件设施水平。

二是完成教育信息化建设。通过信息网络，把优质教育资源送到山区农村学校课堂，缓解山区农村优秀教师少、优质教育资源少、教学质量低、学校管理水平低的矛盾，缩小发达地区和山区农村教育水平差距。

三是提高教师队伍素质。按照基本实现现代化的要求，大规模培训、轮训山区农村教师，鼓励更多大学生到山区农村支教任教，增加山区农村教师数量，优化山区农村教师结构，提高山区农村教师待遇。

没有教师队伍的现代化，就没有教育现代化；没有山区农村教育的现代化，就没有全省教育的现代化。

珠江三角洲与粤东西北全面结对帮扶，教育是重要内容，要用好这个政策，市对市、县对县、镇对镇、校对校、校长对校长、班主任对班主任、教师对教师，落实到位。

中小学教师职称以前评聘分开，没空编就不评，其实大可不必。应该调整为：愿意到山区农村欠发达地区工作的，马上评、马上聘；愿意到山区农村欠发达地区工作一年以上的，马上评、优先聘；发达地区中小学教师评高级职称，必须有至少一年到山区农村欠发达地区支教的经历。这样，鼓励了流动，促进了均衡。

四是创新机制。统筹整合“创强”“均衡”“改薄”“强师”“信息化”“世行贷款项目”，改善山区农村办学条件，完成教育信息化建设，提高教师队伍素质和待遇。

增量教育资源应当主要用于山区农村。

这几件事情做成了，广东教育底部就升高了，离教育现代化的目标就更近了。

60. 留守儿童很揪心

讲到山区农村教育，留守儿童特别揪心。

在偏远山区农村，留守儿童比例相当高。这些孩子缺少生活上的照顾，缺少和父母的温情交流，缺少安全感，学习上、生活上、心理上孤独无助。这种阴影，会影响他们成长，甚至影响他们一生。

花朵一般可爱脆弱的孩子，为什么被父母留在家里？因为贫穷、偏远、闭塞。

贫穷、偏远、闭塞，使得这些孩子的父母不得不远走他乡打工赚钱。在这件事情上，父母、孩子、政府三无奈：父母明明知道孩子需要照顾，但不得不狠心丢下孩子；孤苦无依的孩子嗷嗷待哺，但无力解开父母贫穷无助的难题，只好像暴风雨中跌落鸟巢的雏鸟，无可奈何地挣扎；政府、教育部门要把关爱送到这些贫穷、偏远、闭塞的地方相当不容易，更何况父母亲情不是其他东西能够代替的。

每想到此，万般揪心！

可怜的孩子！

省市县教育部门要和妇联、共青团、工会、企业联手，为留守儿童找“爱心爸爸”“爱心妈妈”。留守儿童多的地方，应该设法配备生活和心理健康教师，关心和解决留守儿童的心理健康问题，把孩子心灵阴影面积缩到最小。

第十二捆

说教育研究

61. 有思想很重要

无论干什么，有思想很重要。

许多事情推不动，不是因为缺钱，而是因为缺思想。

教育工作不但是实践问题，也是理论问题。

教育思想、教育理念要从教育实践中来。

理论不能用于指导实践，这样的理论是苍白的。

教育政策、教育实践，都是教育思想、教育理念的具体化。

教育理念突破不容易，被国家、大众接受更不容易。但是，教育理念是教育工作的指南，没有优秀的教育理念，就不可能有优秀的教育政策和教育实践。所以，进行教育思想、教育理念的研究是必需的，也是值得的。

优秀的教育理念要落实在教室、教师、教材、教法、课堂上，需要教育工作者脱鞋下田、精耕细作。因此，教育研究无论宏观还是微观，无论内部机制还是外部保障条件，都有数不清的课题。比如：

广东教育新的增长点在哪里？

我们从来强调全面发展，实际上取得成功的都是全面发展基础上的特色发展，现在能不能提“全面教育、特色发展、多样化成才”？

教育的目标是培养创新人才。创新人才的基本素质是什么？“独立思考”“大胆质疑”“顽强探索”“求新求异”，这些素质怎么培养？

现在的年轻一代，绝大多数是独生子女，从小欠缺与别人合作共事的锻炼，即使具备了创新创造能力，如果是“孤狼一匹”，要想获得成功，恐怕很难。创新人才必须有性格、心理、习惯、胸怀、世界观、文化背景等方面的支撑。培养“基础宽厚、特长突出，具有国际视野、合作精神的创新人才”，这样的思考和定位准确不准确？

全国2020年全面建成小康社会、基本实现教育现代化；广东2018年全面建成小康社会、基本实现教育现代化，这个目标已经确定。中国教育现代化是什么样子？广东教育现代化应该是什么样子？我们的现状是什么？差距在哪里？怎么追？方法步骤是什么？

根据广东经济社会发展、经济结构调整、产业转型升级的需求，广东各级各类教育的优势是什么？不足是什么？从哪里改进优化？药方是什么？

江苏、浙江、上海是中国教育的第一梯队，它们的优势在哪里？广东怎么赶上去？

广东教育要突破瓶颈，学校层面要做什么、怎么做？教育系统要做什么、怎么做？党委政府要做什么、怎么做？

教改课改不积极、减负减不动、素质教育效果差，教育考试院、教育研究院应该从最基本的问题入手，设计一些有创意的考试模式、考试题目、作业类型、作业题目，用在教学中，用在考试中，引导教改课改、减负增效、提高素质教育质量。

教育研究路子很宽，教育实践路子更宽。

教育厅下属的教育研究院、教育考试院如果联手行动，推动教育改革的效果将是震撼性的。

62. 培养具体的人

“立德树人”；

“合格建设者、可靠接班人”；

“社会责任感、创新精神、实践能力”；

“创新人才”……

这些都是人才培养的宏观目标，落实到学生身上应当怎样体现？许多时候感到无从下手。

社会主义核心价值观，对公民的道德素质有了具体要求——爱国、敬业、诚信、友善。

这是一个可喜的进展，学校德育工作、思想政治教育针对性更强、方向更明确。

再具体一些，学生作为一个生活中有血有肉具体的人，应当具备什么样的素质呢？

或者说，在基本生存状态层面，一个优秀的人应该具备什么素质呢？

这个标准，不同于“公民”的道德素质要求，但确是人的素质最基础的部分。

健康、真诚、勤奋、责任、智慧、勇气、毅力、慎独……这是必备的。

健康——

包括身体健康和心理健康。

“健康第一”，这是面向所有学生的最低培养目标。

如果经过20多年的教育，学生连起码的身体素质、心理素质都不具备，是个病人，无法过正常人的生活，无法自食其力，无法从事正常的劳动，成为社会的累赘和负担，那就是教育的耻辱。

培养病人的教育，制造病人的教育，是贻害千万家庭的教育，是彻底失败的教育，甚至是祸国殃民的教育。

孩子健康的时候，家长恨铁不成钢，逼孩子学这学那，希望孩子样样出类拔萃；当孩子健康受到损害、特别是肌体残障无法挽回时，家长最大的愿望便是：只要孩子健康，什么都不会也开心！

报载，近年学生肥胖率不断上升、视力障碍率高得吓人、运动技能不断减退、独立生活能力和生存技巧几近贫乏、学生身体素质大幅度下降……这种状况会在几十年后给国人的生产方式、生存模式造成巨大隐患。

真诚——

真诚需从自身开始，从自己的事情做起，从身边的事情做起。

真诚对待自己的父母，真诚对待自己的孩子，真诚对待自己的配偶，真诚对待自己的同学师长，真诚对待自己的工作岗位，真诚对待自己的同事朋友，真诚对待自己的国家，真诚对待自己的信仰，真诚对待自己加入的党派，真诚对待自己生存的社会制度……

不虚诳，无妄言。不两面三刀，不阳奉阴违。表里如一，真诚坦率。

我所做的，便是我要说的；我所说的，便是我要做的。

勤奋——

肯劳作，愿付出，不投机取巧，拒不劳而获。

“勤奋”，刻意避开“刻苦”。学习、工作、家务，做到“勤奋”已经很好，不必到“苦”的程度。即使要“刻”，也是“刻乐”，不必“刻苦”。

把高难度的事做成做好而不“苦”，是方法、是水平、更是境界！

责任——

不辱使命，敢于担当。

人生在世有着不同的身份角色，是孩子、是丈夫、是妻子、是长辈、是晚辈、是家长、是家属、是朋友、是员工、是领袖、是下属……各种各样的职业和工作岗位责任更加不用说了。

每个角色、每种职业、每个岗位都有责任和使命。

弄清角色，明白使命，勇敢担当，坚定向前。这样的品质稳健厚重，具有担当大任的力量。

格物、致知、诚意、正心、修身、齐家、治国、平天下，在儒家的人生使命规划中，一切从自身开始，优秀的道德品质由自己及于家庭、及于社会、及于国家、及于世界，个人是家庭、社会、国家、世界整体大网上的关键结点。所以，国人从来不缺承担责任的主动性和使命感。

智慧——

《孙子兵法·谋攻篇》中说：上兵伐谋，其次伐交，其次伐兵，其下攻城。

伐谋，即用智慧战胜敌人，也就是不战而屈人之兵，属善之善也。

智慧需要知识的积累，需要实践的历练，还需要创新精神和创新能力的支撑。

智慧不只由智商决定，它是一个人综合素质的体现。

当一个聪明人容易，做一个智慧的人很难。

总揽全局，审时度势，知所进退，举重若轻，游刃有余，四两拨千斤，谈笑间樯橹灰飞烟灭……这些不是聪明人就能够做到，而是需要智慧！

天天加班到凌晨，夜夜辗转到天明，既是方法问题，更是智慧水平问题。

勇气——

很多难题，看似很难，难于上青天。实际上解决起来，并不像当初想象的那样难。

解决问题的方法大体有两种：一种是断了退路、破釜沉舟、拼了一死冲上去；另一种是做足功课、精心研究、仔细分析、找到了“阿喀琉斯的脚后跟”。

强敌相遇，棋逢对手，双方实力相当，面临的压力挑战也相当。

还是那句老话：两强相遇勇者胜。

毅力——

很多事情并不难，甚至根本没难度，为什么不成功？原因是缺乏毅力，没有耐心，不能坚持，熬不下去，半途而废。

心荡神摇，刚收起猎枪，猎物就出现了；

费了九牛二虎之力跳槽成功，原单位待遇突然大涨；

熬不过黎明前的饥饿寒冷，心灰意冷刚离开，心仪的姑娘踏着晨曦走来了……

没有毅力，只能后悔。

当然，也有毫无悬念、尽收眼底的局面摆在眼前，就是因为没有毅力，所以做不好、做不下去。比如，日日面对的机关公文，天天做，天天躲不过，天天低水平重复。除了毅力，要找的原因更多了。

慎独——

强盗打劫，一定会选月黑风高之夜；

贪官受贿，一定不在光天化日之下。

人之初，性本善还是性本恶，争论了几千年也没结论，但人都有惰性是肯定的。

有管理、受约束的情况下，人都会抑制自己的消极面，隐藏自己的阴暗面，张扬自己的光明面，这点基本一致。

没有管理、没有约束的情况下，人的表现如何，才是品质修养的本色。

“慎独”的作用，就是在没有管理、没有约束、可以为所欲为的情况下能够管住自己，这点不容易做到。

当然，还有另一类“无人之境”——官做大了，登峰造极了，占领制高点了，没人能管，没人敢管，没有制度管得住，管也没有用，身边环绕着笑脸，耳中充溢着赞美，一切言行如入“无人之境”……这时要能清醒、慎独、有自知之明、有敬畏之心，更加不容易。

63. 全面教育　特色发展

学生应该全面发展，还是应该特色发展？

就问题讨论问题，难下结论；看看实际情况，容易得到答案。

培养德、智、体、美、劳全面发展的社会主义事业合格建设者、可靠接班人，这是要培养“全能冠军”，培养“完人”，显然是全面发展的理念。

看看身边的芸芸众生，有多少个是全面开花结果的“全能冠军”呢？有多少个“完人”呢？

事实上，每个人立足于社会，无非只凭一两项技能、从事一两个行业、做成一两件能够留下痕迹的事情而已。

“十项全能”“无所不能”的人是不存在的。

即便是运动场上挂满金牌的“十项全能冠军”，体育运动之外，也必有很多弱项。

所以，全面发展是理想，特色发展是现实，多样化成才是结果。

回到教育工作中来，全面发展还是特色发展，不同的教育阶段有不同的侧重。

给学生提供尽量广阔且深厚的发展基础，为学生提供尽量齐全且充沛的营养，不要让学生畸形发展，不要让学生的教育有明显缺失，不要让学生过早定型，不要忽视或扼杀学生身上的任何潜质和可能性……这是基础教育阶段应该特别注意的问题，符合全面发展的教育理念。

近20年来，这一理念受到了挑战。

职业教育的目标、方法、模式，跳出了全面发展的教育理念。

高等教育阶段，学生学习研究的专业性越来越强，领域越来越窄，程度越来越趋于高精尖，“从关注森林变为钻研树木”，最终的成就只能在某一领域、某个方面，专业特色极度鲜明，绝不会面面俱到、遍地开花。

即使某个人有多方面的才能，他的生命长度和容量也不允许他在过多的领域做没有侧重的耗费；即便有超常的智慧，跨行业、跨部门、多领域都做出辉煌成就，可能性也不大。

这便是特色发展、多样化成才。

如此看来，教育的出发点是学生的全面发展，结果是学生的特色发展；提供的是全面的营养，结出的是个性化的果子。

基础教育阶段，侧重全面发展，学生在全面发展的教育中，寻找特色发展的方向和优势；高等教育阶段，侧重特色发展，学生把全面发展的营养整合转换成特色发展动力，把个性特点凸显出来，发挥到极致。

这便是全面发展与特色发展的关系，也是方法和结果的关系。

教育的任务，是在全面发展的教育中，发现学生的特长优势，让“优点更优”；在特色发展的教育中，尽量弥补学生的缺点缺陷，让“缺点不缺”。

掌握了这样的辩证与平衡，便不会在全面发展与特色发展上走极端。

谈到这里，话题又回到了先哲那八个字：“有教无类”——人人皆可成才；“因材施教”——将优势和特长发挥到极致，达到成功。

每个学生的优势特长不同，发挥每个学生优势特长的方法路径也不同。“因材施教”是针对每个学生特质的“独一无二”，采用的教育方法“独一无二”，使每个学生都成为“独一无二”的人，这便成功了。

这样的教育是我们理想中的教育，这样的教育是高难度、高成本的教育。

按照统一标准、采用统一方法、使用统一原材料、生产出统一产品的大工业流水线式的教育方法，抹杀了学生的个性，荒废了学生的特长，背离了教育规律和学生成才规律，是对人才、人力、智力、财力的极大浪费。

“将特长和优势发挥到极致”，绝不是偏激、固执、钻牛角尖。

多方面的特色发展，就构成全面发展。

从“局部”开始，完成“全面”；

从“全面”开始，完成“局部”。

做好每一个“局部”，进而完成“全面”；

做好“全面”，进而完成每一个“局部”。

哪种方法对？

64. 找到自己的答案

学习的目的是什么?

这个问题有成千上万种答案。

国人好学尚学。

自古以来，我们十分尊崇有学问的人:“学识渊博”“满腹经纶”“学富五车”“学贯中西”……种种赞誉、仰慕之辞，统统加在博学之人的头上。

大部分时间，对博学之人的肯定，是因为他们对既有知识的博览、记忆、占有——当我们向后看的时候，特别是当我们寻求历史辙迹的时候，他们会滔滔不绝、头头是道;当我们遇到“前所未有”的难题时，他们会告诉我们历史上“曾经如此”，先王圣君“曾经如此”，仁人志士“曾经如此”……

给人的印象是——博学之人掌握数量极其庞大的既有知识，只是、主要是为了“向后看”;或者至多是提供一面镜子，告诉我们:历史上、过去、前人遇到类似情况时，他们是这样做的。现在应该怎么办，你自己决定吧!

即使告诉我们应该怎么办，那也是因为历史上、过去、前人曾经这样做过。

因为前人做过，所以我们可以做;因为前人正确，所以我们也正确;因为学习了前人的榜样，所以我们充满了正义的力量。

经过日复一日、年复一年的强化，经过一次又一次、一代又一代重复，在中国，尊崇历史、尊崇经验、尊崇长者，具有了道德乃至政治层面的意义。

很多时候，我们不得不问一些低级且奇怪的问题：

为什么要博学？

博学有什么用？

博学的价值和意义何在？

博学难道就是为了比赛背书本？

博学难道就是为了告诉我们过去曾经如何如何吗？

我想，不是的。

博学，是为了掌握既有的知识；

掌握既有的知识，是为了获得创新的工具和方法；

掌握既有的知识，是为了发现既有知识里蕴藏的规律和智慧；

掌握既有的知识，是为了创造新知；

掌握既有的知识是手段，创造新知是目的；

创新创造，才是博学的目的。

由此，我们看到了不同类型的博学者：有的因为博学并且有创新创造，被尊崇为“思想家”“理论家”“发明家”“圣人”；有的因为博学，可以为时代、王朝、团体、个人提供有理有据的指导意见，被视为“智者”；也有的因为博学，一头钻进书本没再出来，就一直“呆”在里面了。

可见，学习并掌握既有知识，只是学习的开端，结果如何，要体现在课文之外、书本之外、课堂之外、学校之外。

今天的课堂、教学、考试，竭尽全力学习既有知识，不遗余力掌握方法工具。当方法程序记得滚瓜烂熟、工具说明书倒背如流之后，我们就停留在这里，不再前进，没有去做最应该做的事情——运用方法和工具解决问题、创新创造。

实在可惜！白学了！

因为没有解决问题和创新创造的意识及实践，倒背如流的方法程序、滚瓜烂熟的工具说明书，到底对不对，有多少含金量，有多少实用性，便无从谈起了。

有朝一日真要用，说不定会拿旧石器制造航天器！

书本知识是基础，更是工具——确实是工具。在日常教学中，只能把一部分时间、一部分精力用在学习书本知识上，更多的时间和精力应当用在运用书本知识分析问题、解决问题上，用在运用书本知识探索新知、创新创造上。

对学生来说，理想的课后作业，不是重复练习课本中的内容，而应当跳出课本内容，拓展课本内容，超越课本内容，运用课本里学到的方法和工具，尝试解决课本之外的问题。

运用工具的过程中，当然会更加主动地熟悉工具，何愁课本内容学不好、记不牢呢？

学习已知，创造新知，探索真理，找到自己的答案。

这才是学习的目的。

65. 什么是教育现代化

2020年，我国要全面建成小康社会，基本实现教育现代化。2018年，广东要率先全面建成小康社会，率先基本实现教育现代化。

广东教育现代化是什么样子？我们的差距在哪里？要实现这个已经碰到眼睫毛的目标，还需要做哪些努力？

实现教育现代化，首先要弄清教育现代化的目标。

什么是“教育现代化”？

这个问题有无数答案。

有人把英克尔斯的“现代人”标准搬过来。

有人说，教育现代化就是教育普及化、教育终身化、教育个性化、教育国际化、教育信息化。

也有人说，教育现代化就是教育观念现代化、教育思想现代化、教育内容现代化、教育方法现代化、教育手段现代化、教育设施现代化、教育管理现代化、教师素质现代化。

这事经不起深究——怎样的观念就是现代化？怎样的方法就是现代化？怎样的教师素质就是现代化？

……

其实，“教育现代化”是一个内容宽泛的概念，具体实施起来，必须立足国情、面对现实、瞄准要解决的问题，还要量力而行。

国情不同，要解决的问题不同，“教育现代化”的内涵各不相同。

美国的教育现代化不同于巴西的教育现代化，英国的教育现代化不同于埃及的教育现代化，中国的教育现代化不同于日本的教育现代化。

那么，中国的教育现代化是什么样子？

中国教育现代化的标准怎么设定？

中国教育现代化要解决的突出问题是什么？

中国教育现代化要实现的目标是什么？

这些问题绕不过去。

中国有自己的历史文化传统，中国有马克思主义的指导思想，中国有中国共产党领导和中国特色社会主义道路，中国有不同于别国的教育现实，中国教育现代化应当有自己的标准和特点。

首先，教育现代化，应当是教育思想、教育理念的现代化。

根本指导思想上没有突破，在原有框架内小修小补，无论下多少功夫，房子的格局和面积是难以改变的。

中国的教育思想、教育理念如何现代化？

还是要追寻到马克思、恩格斯那里——“人的自由而全面的发展”。

马克思主义讲：阶级——阶级斗争——无产阶级专政——消灭阶级、消灭私有制、实现共产主义——实现人的自由而全面的发展。

从人出发——归结到人，这是老祖宗的英明与正确！

教育现代化，核心是人的现代化。

促进“人的自由而全面的发展”，教育大有可为。

把“人的自由而全面的发展”定位为教育现代化的目标，是正确的，也是应当的。

从教育工作的角度来看：

“人的自由发展”，就是个性发展、特色发展、兴趣发展；

“人的全面发展”，就是尽可能地促成人的个性多方面、特色多方面、兴趣多方面的发展。

其中，人的个性发展、特色发展、兴趣发展，是人的全面发展的基础和前提条件。

没有充分的个性发展、特色发展、兴趣发展，就没有全面发展。

这就是在“教育现代化”问题上，教育思想、教育理念方面应该有的突破。

教育思想、教育理念是顶层设计。

顶层设计确定了，才能谈内容、方法、设备、条件、队伍、管理等问题，否则便是鼠尾生疮、蜗壳建楼，大都大不到哪里去。

其次，人是不是现代化，要从人与社会的关系、人对社会的作用方面来体现。

“教育要满足经济社会发展对人才的需求”，这是一贯的观点。

经济社会鲜活，教育滞后；经济社会在前面跑，教育在后面追；经济社会主动，教育被动。教育受制于经济社会发展，这是我们已经习以为常的模式。

教育现代化，它培养出来的人，应当改变“受制于经济社会发展”的传统模式——人的活动，应当成为经济社会发展的主动引领者，而不是被动追随者。

能够引领经济社会发展的人，一定是有创新能力的人。

能够走在经济社会前面，不断为经济社会开拓新领域、注入新活力的人，一定是创新人才。

培养出创新人才，是中国教育现代化的目标。

再次，中国教育最受诟病的是“应试教育”。“应试教育”的问题不能有效解决，学生的创新能力不能显著提高，死记硬背标准答案，拼命写作业、做练习，高分低能，这样的“教育现代化”，国家不会承认，社会不会承认，家长和学生不会承认，世界也不会承认。

这三个问题上有突破，基础设施即使稍差一点，也是现代化。

都市人穿草裙住在部落，部落人穿西装住进别墅，哪个更现代化？

第十三捆

说教育国际化

66. 教育国际化是广东的特色

距今2 100多年前的西汉南越王赵眛墓，发掘出波斯风格的银盒；

徐闻古港，是汉代对外贸易的历史遗存；

历代岭南陶瓷中的胡人形象，经常让人忍俊不禁；

怀圣寺的光塔，1 000多年来，指引着海上丝绸之路的航道；

清真先贤古墓，蕴藏着哲人们开拓奋斗的动人故事；

《萍洲可谈》中记载的广州“番坊”，分明已是完整的国际社区；

“苏哈尔号”到达广州航行纪念碑，静静地俯瞰着白鹅潭，把《一千零一夜》中辛巴达航海故事和广州连在一起；

“哥德堡号”重回广州，引得万人空巷；

“南海Ⅰ号”层层叠叠的瓷器、铁器、金器让人浮想联翩；

“十三行”、唯一通商口岸，绝无仅有的桂冠……

达摩东渡；

利玛窦登陆；

鸦片战争；

辛亥革命；

中国近代史开端；

广东是中国的南大门，是外国思想、文化、宗教、科技最早进入中国的接纳者和见证者；

香港、澳门曾经被肢解，饱受屈辱，后来为广东对外开放提供了地缘优势；

改革开放先行地；

改革开放排头兵；

率先全面建成小康社会，率先基本实现现代化……

几千年来，广东是中国与世界的喉管，一边连着中原腹地，一边连着世界各地——无论是主动的，还是被动的。

今天，广东是中国经济发展最快、与世界联系最紧密、生产生活国际化程度最高的地区之一。

这样的历史血脉和现实环境，决定了广东教育的国际化是必然的。

如果广东教育不能在国际化上先行一步，不仅和广东率先对外开放、全方位对外开放、率先全面建成小康社会、率先基本实现现代化的现实不适应，也是对历史传统、文化精神的割裂与浪费，必然失职落伍。

67. 找到教育国际化的目的、动力、方法

中国的改革，是一本内容丰富的大书。

各个系统改革进度不同，系统之间的改革方法和路径经常可以互相借鉴。前面改革走过的路，可以给后面的改革提供经验，有时甚至可以提供答案。

目前的教育改革，正在重复20世纪八九十年代农业改革和工业改革的路子：减政、放权、搞活、规范、国际化……

教育国际化，要找到目的、动力、方法。目的不清晰，动力不强劲，方法不恰当，为了合作而合作，一是推不动，二是效果不会好。

以高等教育国际化为例。

高等教育对外合作，不是为了扩大规模，不是为了引进几个洋教师，不是为了多收学费，而是为了学习借鉴国外高等教育的教育思想、教育理念、管理模式、教学方法、人才培养机制。通过学习、借鉴、消化、吸收、再创造，提高高等教育办学水平，创新人才培养机制，提高人才培养质量。这一点，教育的对外合作和20世纪八九十年代工业领域改革搞中外合资企业极其相似。

与别人合作是形式，借鉴别人的长处、提高自己的水平是目的。

合作不能失去主动权，更不能失去自我。

高等教育对外合作比国有企业的对外合作要求更高，因为教育具有意识形态属性。

国外教育机构与我们合作，更多的是看中我们的教育市场，注重

经济收益。当然，也不排除意识形态方面的打算。

明白了这些，高等教育对外合作的方法就容易把握了。

建一所全新的中外合作大学当然好，但难度很大——征地几千亩，建设资金数十亿元，建设周期5到10年，谈何容易。

只引进几个洋教师，难成气候——几个洋教师在一门课、几门课上带来一些新意思有可能，要在教育理念、管理模式、人才培养机制等宏观层面发挥作用，恐怕很难。

稳妥又高效的方法是，在现有的大学中选择一两个学院，办成高等教育对外合作“校园小实验区”，引进较完整的国外教育团队，搞全英、全美、全哈佛、全牛津的教育。学校支持引进团队在“校园小实验区”中尝试按照国外教育理念、教学方法、人才培养模式开展工作。

这样的合作形式，最大的好处是稳妥可控——做得好，推广其经验，提升我们的水平；做不好，稳妥善后，不会造成严重后果。

邓小平南方谈话中说过类似的事情：证券、股市，这些东西究竟好不好，有没有危险，是不是资本主义独有的东西，社会主义能不能用？允许看，但要坚决地试。看对了，搞一两年对了，放开；错了，纠正，关了就是了。

看看现状，30多年过去，当年成千上万从国外引进技术、引进管理的中国企业，一切早已本土化，合资、合作、借鉴、嫁接的痕迹已经完全找不到了。

前车之鉴，为教育国际化提供了极好的指引。

闭关自守，没有出路。放弃主导权，教育意识形态阵地会受到极大冲击。教育国际化的同时，一定要坚持教育“中国化”。

失去主导权和中国特色，教育国际化是危险的。

除了“引进来”，教育国际化还要“走出去”。

拿什么走出去?

走出去展示什么?

走出去告诉世界什么?

我们要向世界讲述“中国故事”。

如何讲述“中国故事”?

“中国故事”的内容是什么?

几百间孔子学院,传播的是“向后看”的、“碎片化”的中国文化符号。

唐装、唐诗、宋词、毛笔、武术、京剧、茉莉花、太极拳、中国音乐、中国美术……要传播的“中国理念”是什么?要告诉世界的“中国概念”是什么?

是孔孟之道?

是社会主义核心价值观?

是仁?

是信?

是和?

我们没有准备好。

68. 机票　选票

“国际班”大热，暑期出国游学火爆，出国留学年龄逐年压低，数十万中国留学生每年为欧美送去几百亿美金学费，韩亚航空空难震惊国人……

小小年纪背井离乡到国外读书，不但要承受高学费、高生活费的压力，还要考验独立生活能力、心理承受能力。付出的代价不可谓不大，但大家仍然趋之若鹜，甚至愈演愈烈。

为什么？应该分析探讨。

首先，这表明国人越来越重视教育。

很久以前，曾有愚昧的家长不让孩子上学，也有的是因为家庭贫困孩子上不起学，或者是政府不能提供便利的条件让孩子就近入学。现在，这种状况不存在了。没书读的问题已经解决，大家追求的是进好学校、读好书。不但读好中国的书，还要走出国门，到国外接受教育，融汇东西，兼收中外，并蓄土洋，培养孩子的全球视野、世界眼光。这些都是国人教育观念的进步，令人欣慰。

其次，国人越来越有钱，愿意对下一代的教育大手笔投入。

中国 GDP 总量世界第二，令人不敢小觑。虽然人均 GDP 水平很低，但地区间、群体间差异很大，先富起来的一部分人、区域中心城市居民、率先发展地区居民，越来越多的家庭有实力送孩子到国外读书，这是十分可喜的事情。

孩子的教育，联系着孩子的成功；孩子的成功，联系着家庭的前程；家庭的前程，联系着国家的命运。一切竞争的终结都是人才竞争，这一点已成国人共识。

富而投资教育，真是莫大的智慧。

再次，说明中国的教育越来越不能满足国人的需求。或者说，中国教育国际化的步伐应该进一步加快。

话题扯得远一些。

中国共产党的第一代领导人选择农村包围城市的道路，以满足农民土地需求为突破口，组织农民、教育改造农民、依靠农民，推翻了旧政权，建立了新中国。

新中国成立初期 30 年，重视农村农民的思路没有变，但方法错了——毫不松懈地管理农村、农民、农业生产，因为农民占据着中国国土面积的绝大部分，农民是中国人口中最大的群体，农业生产关系着国人的饭碗和国家的稳定……所以，越管越紧，越管越死，农民种几棵树、养几只鸡都要管。结果，农民的生产生活状况越来越差，与农业相关的粮食供应、农副产品供应常常处于焦渴煎熬状态，全国人民面黄肌瘦。

改革开放首先从农村开始，把生产自主权交给农民——种什么、怎么种、种多少，农民自己决定；把生活迁徙自主权交给农民——何时下田、何时睡觉、何时外出打工，农民自己决定；把农产品价格交给市场——什么赚钱、什么不赚钱、什么供应过剩、什么供应不足，农民自己判断……放权搞活，不但没有天下大乱，反而短时间内解决了农民自己的温饱问题，继而解决了整个国家农产品短缺问题，一部分腿脚勤快、脑子灵活的农民先行致富，有的成了企业家。

农业农村成功改革，成为 30 多年中国改革最重要的开端、最可靠的基础。

继而，作为国民经济基础的国有企业改革成功，作为国家经济命脉的金融业改革成功，中国经济社会发展的活力一次次迸发……不知不觉中，中国成为全球经济大家庭的主要成员。

中国经济全球化过程中，中国人的思想、观念、视野、生活习惯也在不知不觉中实现全球化。

现在，中国农产品出口已经司空见惯；在国内，只要愿意多花一些钱，几乎可以吃到世界各地的粮食、蔬菜、肉类、牛奶、水果。

现在，中国的制造业与世界市场紧密相连，“中国制造”洪水般的出口令世界震惊；在国内，可以买到世界任何国家的工业品，而且物美价廉。

……

对比一下中国教育——

现在，对世界，中国能够出口的“教育产品”是什么呢？在国内，能够买到外国的“教育产品”又有多少呢？

寥寥无几。

这便是游学潮、留学潮、出国读书潮汹涌澎湃的根源。

选择最恰当的“结合点”，接受中国教育，嫁接国外教育，兼取二者所长，经济上、学习上取得最优化成果，一直是家长们精心策划、精心计算的焦点。

早年是读完大学才出国读研究生，后来是出国读大学，现在很多高中生就到国外读书，眼下大城市中小学“国际班”大热……看样子，如果不是年龄和生活能力限制，很多家长恨不得幼儿园、小学就把孩子送到国外去读。

在对中国教育国际化的期待与焦虑中，家长们迫不得已地拿起他们的选票——机票。

国货不合胃口，就买洋货。

国内买不到，就到国外去买。

第十四捆

说党建

69. 让党员脱离群众活不了

教育系统党建要有“学术味”。

教育系统党建工作面对的是知识分子。

知识分子，不同于看中实际利益的农民，不同于有组织纪律性的工人，不同于以服从命令为天职的军人。

知识分子搞学术，讲理、服理。

面对任何事情，知识分子首先要找道理——有道理，就服气；没道理，不客气。

因此，不能从学术的角度、学术的高度讲党建，就很难获得知识分子共鸣；不能用学术的思维、学术的逻辑抓党建，知识分子就不会心服口服；不学无术、用大喊大叫大老粗的办法与知识分子打交道，知识分子只会翻白眼。

教育系统党建要常做常新。

知识分子以发现新知、探求真理为天职。终生在荒原上跋涉，天天在故纸堆里求新，呕心沥血要发现未知。求新、求异，是他们的职业特点。

职业特点被长期强化，也会变成性格特点、行为特点。

因此，面对知识分子的党建工作要不断创新。内容新、形式新、载体新、效果新，才能吸引知识分子关心，赢得知识分子开心。

教育系统党建、学术要对接。

党建接地气，就是要能够找到它与教学科研工作的恰当接口，有效地促进学校的中心工作、重要工作。

教学科研工作，完全以问题为导向。发现问题，解决问题，直来直去。除此之外，任何不能触及问题实质的耗时间、兜圈子、装样子、摆架子都是多余的。

因此，教育系统党建一定要贴近教学科研中心工作，有效推动教学科研工作。隔靴搔痒、两张皮、额外增加负担、“抓革命不能促生产”“思想政治工作不能保证打胜仗”，这样的党建会被边缘化。

教育系统党建永远要面对基层、面向群众。

党的精英当然懂得党的理想、信念、宗旨、意义和目标。

党建工作，是要把党的理想、信念、宗旨、意义和目标等高远理论让更多群众知道、理解、认可、追随。因此，任何政党都不能高高在上，任何政党的工作对象都是面对基层、面向群众。

密切联系群众，本来是我们党的看家本领，现在“脱离群众的危险”反倒成了党面临的考验。

比较一下执政前后党和群众关系的变化，一些问题发人深思。

党创立初期，没有群众掩护保护，党员性命难保。那时的党员、党组织，为了生存，要千方百计隐藏在群众中，融合在群众中。

没有群众，命都没有！

密切联系群众，是党员、党组织生存的第一需要！

党领导人民革命时期，群众是革命队伍的主要力量。没有群众拥护支持，政权就没有根据地；没有群众踊跃参加，军队就没有兵员、没有粮草、没有后勤保障。

密切联系群众，千方百计动员群众参加革命战争、参加革命斗争，是党夺取政权最根本、最重要的需求。

新中国成立，中国共产党从革命党变为执政党，依靠群众才能生存、依靠群众才能胜利的需求大大弱化。密切联系群众成了党员、党组织面临的重大问题。

面对这种情况，要问一些最通俗的问题：

党员为什么要联系群众?

党员联系群众有什么好处?

党员不联系群众有什么坏处?

党组织为什么要联系群众?

党组织联系群众有什么好处?

党组织不联系群众有什么坏处?

答案都是“无关性命”的“软约束”!

“软约束”解决不了“硬问题”!

化解党员、党组织脱离群众的危险，就是要让党员、党组织脱离群众真的成为危险！让群众决定党员、党组织的命运！让党员、党组织脱离群众活不了!

假如能够形成这样的体制机制，党员、党组织会千方百计回到群众中去。根本用不着开会、发文、讲道理。

习近平总书记在庆祝全国人民代表大会成立60周年大会上说：国家一切权力属于人民，切实防止出现人民形式上有权、实际上无权的现象。

这就是解决问题的方向和出路。

70. 求同 求异

（1）“求同”思维与“求异”思维。

科学研究，是“求异”思维。

高校管理，是“求同”思维。

高校领导干部首先要有学术的执着，其次要有管理才能，应是地道的复合型人才。

高校领导干部，应该同时具备“求同”“求异”两种能力，并且能够将两种能力有机结合，从容转换。

高校教学科研，主要运用“求异”思维——探索别人未曾涉猎的领域，发现别人未曾发现的规律，创造前人未曾有过的成果，构建独一无二的理论体系或实践方法体系；发现既有知识的错误，质疑前人的理论，否定前人的成果，提出自己的新观点，建立自己的理论体系和实践方法体系；寻找既有成果的不足，提出修正和改进意见，完善既有知识体系，提高既有知识成果水平。

“创新、创造、发现”“怀疑、质疑、否定”“挑剔、不满、苛求”，是求异思维的表象，“挑战性”“排他性”“否定性”是主要特征。

“求异”思维是批判性思维，否定现状、标新立异、注重个性；先着力于对现实的“破”，再追求对自己的“立”；在“破”的基础上“立”。

“求异”思维在打破现状、创新创造、颠覆既往方面作用明显，但难以形成团结优势，不利于汇聚集体力量，工作过程和结果存在较多不确定性，如果管控不好，会形成较大的离心力、破坏力。

高校管理，主要运用“求同”思维——团结党员干部，团结教职员工，完成学校中心工作、重要任务；团结更多的人，团结最多的人，团结所有的人，形成合力，办成大事；调整工作目标，调整工作要求，寻求所有人愿望、利益的最大公约数。尽可能多地把不同思想、不同理念的群体和个人团结在一起，把负面的、反对的力量降到最低，为实现工作目标共同努力。

“团结、合作、共赢”“巩固、稳定、协作”“求同、弃异、捐嫌”是求同思维的表象，“共同性”“群众性”“稳定性”“积极性”是主要特征。

“求同思维”是肯定性思维，面对现实，寻求绝大多数人的共同目标、共同利益、共同诉求，通过共同努力加以实现；重在团结，重在建设，重在巩固，重在稳定，重在已有成果基础上的积累。这种思维模式能够团结群众，凝聚力量，攻坚克难，完成重大任务，实现共同理想，是当家执政者管理过程中最常用、也必须常用的思维模式。

（2）高校领导干部工作中容易出现的偏差。

高校领导干部，绝大多数是教学科研的佼佼者。因为长期从事教学科研工作，擅长使用“求异”思维，用惯了“求异”思维，走上领导岗位之后，一些人不自觉地把教学科研中的“求异”思维运用到高校管理工作中。于是，思维模式、行为模式出现了偏差：遇事“逆向”考虑；挑别人的缺点多，看自己的毛病少；要求别人服从自己、支持自己多，理解他人、包容他人少；固执己见，不愿为全局利益牺牲局部利益；只想一枝独秀，不想拾遗补阙；经常发表“标新立异”的意见，突出自己、抬高自己、显示自己与众不同。更有甚者，由于长时间冲突摩擦，一些人把对工作的不同意见、不同看法，延伸为对班子成员人格品德的偏见，将对方视为“逢其必反”的“死对头”，影响了班子团结，影响了班子形象，影响了全局工作。

优秀的高校领导干部，要明白“求同”思维、“求异”思维的不同特点和适用领域，熟练运用并灵活转换两种不同的思维方式，出色完成领导任务。

（3）高校领导干部应该做好的几项工作。

一是研究“求异”的工作群体和工作任务，熟悉高校教师心理特点、工作特点。

高校工作有特殊的规律性。高校领导要深入研究、正确把握高校管理的深层次规律。只有成为专家型领导、内行型领导、研究型领导，才能对高校教师群体心态有深刻理解、真切体验，才能更准确地规划和领导高校工作，才能更妥帖地与知识分子交流、交心、交朋友，才能有效地服务教师、引导教师、管理教师。

不懂得教师心理需求，不了解教师工作特点，和教师没有共同语言，没有基本信任，没有对话平台，“隔靴搔痒”式的服务管理，难以收到好效果。

二是努力“求同”，加强团结，建设坚强有力的领导班子。

团结，是领导班子的第一要务。

领导班子是高校的“主心骨”“领路人”，是学校的形象，代表了学校的风格，极大地影响着教师学生工作学习的热情和信心，决定着高校人才培养、科学研究、社会服务、文化传承等方面使命的履行。没有团结的形象，没有统一的思想，没有坚定的意志，没有一致的行动，是对学校工作最大的伤害。

班子团结，学校工作一定不会差；班子不团结，学校工作一定不会好，这是普遍现象、基本规律。

高校领导班子成员，无论工作经历如何，无论从事哪个领域的教学研究，进入班子后，一定要转变观念，转变角色、转换思维、努力“求同”，把班子建设成为坚强有力的领导集体。一把手要有宽广的胸怀、长远的眼光，不但要团结与自己意见相同的班子成员，更要团结包容与自己观点不完全相同、甚至完全不同的班子成员；班子副手要自觉支持一把手的工作，维护班子权威，把分管工作融入整体，为班子建设、为全局工作添砖加瓦，拾遗补阙。

一把手容不得“能力强”“有个性”的副手，不能包容有不同意见、不同看法的副手；副手不尊重一把手、不支持一把手，甚至以为难一把手、制约一把手为得意之事，这些都是领导干部做人共事的大忌。

三是让“求异”的人“求同”，加强教师队伍建设。

百年大计，教育为本。

教育大计，教师为本。

教师队伍建设是高校工作成败、水平高低的决定性因素。

高校庞大的教师群体，大部分时间在运用“求异”思维。如何让惯于“求异”的人群“求同”？这是所有高校领导必须面对的课题，也是一定要解决好的问题。

让教师“求同”，首先要用马克思主义意识形态占领高校思想阵地，坚定广大教师爱国家、爱人民、爱劳动、走中国特色社会主义道路的理想信念，教育引导广大教师忠诚党的教育事业，以立德树人为己任，用崇高的理想、高尚的品德、渊博的学识教育青年学生立志成才，博学报国。让教师“求同”，还要理解教师、支持教师、鼓励教师发挥聪明才智，通过出色的教学科研工作，为国家发展、社会进步做出贡献，实现人生理想、人生价值。

要让“求异”的教学科研工作更精彩，离不开队伍建设、资源整合方面“求同”的工作支撑。

高校学科建设，要制定规划，确定目标，建立结构合理的团队，整合内外部资源，抓住重点，发挥优势，突出特色，稳步前进，形成良好的体制机制。这一切，无疑需要“求同”思维和“求同”能力。

没有“求同”环境条件支撑，“求异”工作难有高效率、大突破。

四是既能“求异”，又善“求同”，把学生培养成中国特色社会主义事业的“合格建设者”“可靠接班人”。

青年是祖国的未来，大学生是青年中的精英群体。要把学生培养成中国特色社会主义事业“合格建设者”“可靠接班人”，就要教育训练学生具备两种思维、两种能力，既能“求异”，又善“求同”——业务上，学习科学知识、从事科学研究能“求异”，具备创新创造能力，不断为国家、为社会贡献高水平的科学研究成果；政治上，善“求同”，爱国家、爱人民、爱劳动、走中国特色社会主义道路坚定不移。

“求异”能力强，但对国家民族没感情，甚至成为反对者，这样的学生不是“合格建设者”“可靠接班人”；政治热情高，但没有建设国家、贡献社会、服务人民的本领，这样的学生也算不得“合格建设者”“可靠接班人”。

德才兼备、又红又专、“求同”“求异”能力俱佳的学生，才是我们的培养目标。

71. 敌情　警情　意外

经常想一些奇怪的问题：

警察如何才能快速破案？

答案：像罪犯一样思考，比罪犯还要高明。

如何才能预防犯罪？

答案：与对手同步行动，比对手提前行动。

安全保卫工作，有时候是一般业务，有时候是政治。

安保不是体力活，而是要体力、脑力共用。

安保不只需要勇气，而且需要智慧、勇气并重。

安保如救火，时时防不胜防，经常疲于奔命。

安保是危机处理。“危机”就是“意外”。“意料之外”的事情很难预防、很难处理。

要轻松自如地处理危机，就要把“意料之外”变成“意料之内”，就要减少“意料之外”，增加“意料之内”。

如何把“意料之外”变成“意料之内”？

如何减少“意料之外”，增加“意料之内”？

答案是：拥抱难题，总结规律——把看起来非常困难的事情，当成“自己的调皮孩子”，“领回家”、“抱在怀里”、耐心喂养，总结经验，寻找规律，提高效率，这样做起来并不会特别困难。

比如，根据学校工作、学生工作特点，对安保工作重点进行分类：

重要时间节点有哪些？

重要政治节点有哪些？

重要敏感节点有哪些？

季节性自然灾害有哪些？

季节性学生人身伤亡事故有哪些？

易发多发的日常管理事故有哪些？

不同学生群体可能出现的安全问题有哪些？

外部因素可能引发学校学生安全事故有哪些？

……

如果这些可以预料的情况都在我们“意料之内”，并且做足了预防和准备，“意外”还有多少呢？

把这些重点、要点编成一张网，春节、元宵、端午、中秋，春种、夏长、秋收、冬藏，四时有序、万象和谐，按部就班做起来，安保工作也会轻松自如。

安保工作，时时能够接触到变化万端的鲜活案例，仔细总结，有规律可循：

一般治安案件，原因简单，暴露日常管理薄弱环节。

意外伤亡事件，事发突然，可能伴随高额赔偿诉求。

日常管理工作中的群体事件，是长期矛盾累积而成，连带人数可能很多，易于发酵酿成大事，需从根本上改变工作思路、提升管理方法。

涉邪教、暴恐事件，隐蔽性强，还有一定的敏感性。

境外敌对势力参与策划的渗透破坏事件，情况复杂得多，要斗智斗勇……

安保工作，有时候敲锣打鼓，有时候不动声色。

像对手一样思考，并且超越对手；与对手同步行动，并且压倒对手。

工作达到这样的状态，就有乐趣。

第十五捆

说德育

72. 德育理想

中国教育，德育大过天。

“百年树人”，本意就是理想信念教育。

人才培养，德才兼备、以德为先。

立德树人，立德为先。

德育教育现状是：内容很正确、很精辟，方法有欠缺、太粗放。

德育教育的任务是，探索针对不同年龄段学生的不同的德育教育方法，增强针对性、实效性。

理想的德育教育方法是两句话：

第一句：讲有趣的故事，别露谜底。

第二句：让我们没有说出的想法，成为学生们得出的结论。

具体做法是：激发兴趣、嵌入细节、参与实践。

实施过程中要重视两个途径：

一要特别重视网络育人；

二要特别重视实践育人。

德育教育、思想政治教育队伍庞大，研究方面花费功夫不少，但效果平平，原因是没有找对着力点。

德育教育、思想政治教育的内容是中央深谋远虑、深思熟虑后确定的，通过研究取得新发现、新突破的概率极低，绝大多数研究只能替既有政策找注解。

我们可以发挥作用的空间是在实施层面。

通过实施方法层面的探索，让德育教育、思想政治教育内容在学校、教师、学生中更好地落地、生根、开花、结果，这才是我们应该下力气做的。

所以，在德育教育、思想政治教育上，应当多一些鲜活生动的方法、载体、途径、渠道、团队、精品项目等实施层面的成果，少一些缺少新意、反复注解、难以推广应用的呆板的“研究”成果。

开展德育教育、思想政治教育，不但要重视内容方法，还要培养教师队伍，建立实践基地。几个要素，缺一不可。

高校应当根据学科特点，教学、科研、实习、实训、就业特点，与省内市县，特别是粤东西北市县结对子，建设相对固定的实践育人基地。中小学校应当根据学生的身心特点，开展富有特色的德育实践活动。

73. 谁的错

新中国成立65年，学校德育工作科学、严肃、扎实、成功，为巩固马克思主义在学校意识形态的主导地位、培养中国特色社会主义合格建设者和可靠接班人、维护学校安全稳定，建立了卓越的功勋。

学校德育教育，数十年持之以恒、日积月累，为教育工作打下了厚重稳固的基础，为国家经济社会发展做出了不可磨灭的贡献。

然而，时移世易，我们渐渐感到学校德育教育疲弱了、效果不如以前了，原因在哪里？要从学校内部找原因，更多地要看到学校教育和社会发展的不协调、不平衡。

65年来，学校德育教育坚持高标准、严要求、从未松懈，但整个社会的思想建设、法治建设、道德建设、制度建设明显滞后，这种状况使得学校德育教育标准和社会行为标准形成较大落差，造成“学了没用”“学校教一套，社会做一套”等等“言行不一”“说假话”“搞欺骗”的扭曲现象。

落差、扭曲反馈到学校，降低了学校德育教育的严肃性、可信性，使学校德育教育显得脱离实际、苍白无力、没有用武之地。

事实证明，学校德育工作面临的困境，主要原因不在教育。

教育的目的是提升人的素质，所以教育的标准总是高于一般标准。

可以毫不夸张地说：学校是中国社会思想、道德的标杆和引领者，学校是坚守马克思主义意识形态阵地的参天大树！社会建设应当向学校德育教育标准看齐，而不是学校德育教育迁就社会建设。本末颠倒了，我们就完蛋了。

当然，在充分肯定学校德育工作成就、正视社会建设滞后的前提下，还要设法找到增强学校德育工作科学性、针对性、实效性的方法和途径，提高学校德育教育，推动社会建设的速度和效率。

74. 德育三个层次

德育教育应该从哪里开始?

两千多年前的孩子就思考这样的问题了。

东汉末年，有童谣描述当时社会的扭曲现象：

“举秀才，不知书。举孝廉，父别居。寒素清白浊如泥，高第良将怯如鸡。”

举孝廉，是对道德品质的褒扬，但连赡养父亲的事都没做好！看来，道德品质修养首先应该从自身做起、从身边做起。

《礼记·大学》阐述人的责任、使命、成功之道时，把个人学习、品德修养与家庭管理、国家治理、世界理想连在一起，也就是：格物、致知、诚意、正心、修身、齐家、治国、平天下。

毫无疑问，个人素质、个人品德修养是一切事情的基础。

个人素质差、个人品德修养不到位，家里的事都处理不好，治理国家、实现大同世界的理想都无从谈起。

品德修养，个人是基础，自身是起点。

从我做起，从自身做起，从身边做起，由近及远，由小到大，由家庭以至全世界。这就是儒家关于人的责任、使命、成功道路的设计。

道理很简单——劣质的个体，无法组成优质的整体；衰朽的局部，无法合成优秀的全局。

对学生的德育教育从哪里入手?

应该从作为“一个优秀的人”的道德品质方面入手。这是最基本、最基础的修养。

比如，真诚、勤奋、责任、智慧、勇气、毅力、慎独……

即使这个人长期独居一室，也应该具备这样的道德修养；

即使这个人在茫茫戈壁中独行，也应该具备这样的道德修养；

即使这个人熟睡中说梦话，也应该具备这样的道德修养。

不打基础，好高骛远；不积私德，大建空中楼阁；在家忤逆父母，出门高谈为人民服务；低头随地吐痰，抬头大讲理想信念……顺序不清、次序颠倒、先后混淆、公私轻重不协调，导致学校德育教育用力不小、效果不佳。

因为德育教育太过重要，所以囫囵一堆、不分先后、不分轻重、不讲究方法，泰山压顶般急不可耐地扑上去、紧紧抱住、抱得喘不过气来，以示重视，以示加强，以示不断加强、进一步加强……这就是学校德育工作现状。

习近平总书记在纪念五四运动 95 周年北大讲话中说，要明大德、守公德、严私德。三个层次，讲得再清楚不过了。

可喜的是，增强德育工作科学性的意识越来越清晰。

社会主义核心价值观 24 个字，分别针对三个层面：

国家层面：富强、民主、文明、和谐；

社会层面：自由、平等、公正、法治；

公民层面：爱国、敬业、诚信、友善。

三个层面都做好了，个人、家庭、社会、国家的道德建设就会融为一体，成为一座恢宏壮丽的大厦。

75. 德育　吃药　航空发动机

据说，美国战机的航空发动机寿命为3 000小时，俄罗斯战机的航空发动机寿命为2 000小时，中国战机的航空发动机寿命为1 500小时。

尽管中国的新型战机不断亮相，但航空发动机是最大的软肋。制造过程的工艺技术差异，影响了产品的质量和寿命。

每个人都会生病，生了病便要吃药。

吃药有讲究：有的饭前吃，有的饭后吃，有的睡前吃；有的是含片，有的是咀嚼片，还有泡腾片……

药相同，吃的时间不同、方法不同，药效不一样。方法、过程起着决定作用。

中国的教育思想和教育实践，十分重视德育教育。“百年树人”，本意就是德育教育、思想政治教育。“立德树人”，也是德育为先，没有“立德”的前提，“树人”没有意义。

眼下的现实是，我们一直反复强调的德育教育，效果并没有我们期望的那样好。或者说，我们最重视的德育教育出现了“边际效应递减”现象。

原因在哪里？是材料不过关，还是加工工艺有缺陷？是药不好，还是服用方法不对？

检讨的结果是：德育教育的内容绝对好、绝对纯、绝对高质量，问题出在德育教育的方法上。

也就是说，德育教育存在的问题，和航空发动机存在的问题基本一样——材料大致相同，是加工工艺不过关，影响了产品质量和寿命；德育教育存在的问题，和生病吃药类似——药是好药，吃法不对，影响了药效。

每个国家、每个民族，都会特别注重把最优秀的民族精神传给下一代，中国也不例外。

新中国成立65年来，尽管不同时间段提出过不同的德育教育目标，但“爱国主义”以及“爱学习、爱劳动、爱祖国”等基本精髓始终没变。

随着时代发展，今后也可能还有新的德育教育目标提出，但坚定马克思主义理想信念，坚守中国共产党奋斗、发展、成功的红色历史经验，汲取中国优秀传统思想文化精华，学习世界先进经验，培养中国特色社会主义合格建设者、可靠接班人的基本精神不会变。

总而言之，德育教育内容的正确性毋庸置疑，我们讨论的重点是：如何改进德育教育方法？如何增强德育教育效果？如何提高德育教育质量？

一个可能被视为“危言耸听”的判断是——我们的德育教育方法还停留在20年前！

请看理由：

中国共产党要拯救中华民族、缔造新中国，必须用战争和暴力手段，所以有抗日战争、解放战争，硝烟炮火持续了多年；新中国建立，党和政府短时间内要在一穷二白、满目疮痍的土地上扫除旧时代留下的污泥浊水，建立完全不同于以往的新制度、新秩序，必须用全民动员、急风暴雨式的政治运动和强制性的工作方法；“文化大革命”政治运动登峰造极，到了“动乱”的程度……

新中国成立前后至改革开放前，中国历史就是由接连不断的政治运动构成。这种社会管理方法和工作组织模式，影响到中国的每一个角落，影响了几代人的心理和行为模式。

今天，德育教育方法简单浮躁、长于说教、脱离学生思想生活实际、喜欢大造声势、不断搞政治运动式的“主题教育实践活动”，颇有新中国成立初期“革命党”工作方法和工作模式的遗风。

时代变了，环境变了，工作对象变了，完成任务的方法没有变。这是当下德育教育效果不如人意的原因之一。

面对改革开放、经济快速发展的新形势，面对物质极大丰富之后复杂多样的社会观念，面对互联网陪伴、在“地球村”长大的孩子们，德育教育要改进方法、增强效果、提高质量，有几条是必需的，也是可以做到的：

首先，细腻、多样化、个性化是必要的。

面对极度匮乏的资源、过度僵硬的环境，大家的思想和行为往往是单调的、整齐划一的。因为我们没有选择，无法选择，甚至没有选择的欲望。维持生命，是最大的挑战。

总是吃不饱，最大的愿望就是吃饱。随时可以吃饱，关心的便是吃什么。物质丰富了，环境宽松了，大家不但能选择，甚至很挑剔。这便是人性。

今天的中国，不但物质极大丰富，知识、思想也极大丰富，物质上、精神上可以选择的空间和品种几乎是无限的。

这样的环境下，用简单的、整齐划一的方法对学生进行德育教育怎么行呢?

声势浩大的“主题教育实践活动”，特别适合中小学的德育教育、思想政治教育；对大学生，则要策划安排更多实践型、思辨型、研究探索型的德育教育和思想政治教育活动。

其次，与实践结合是必要的。

德育教育是对宇宙、历史、人生、世界的认知和判断。它的主要任务不是教知识、教技能，而是管总体、管全局、管思想。

德育教育的内容来源于自然规律、历史经验，指导我们与当下的社会实践打交道，为未来提供指引。

德育是理想。

实现理想，才是目的。

因此，实践是德育教育最重要的支撑。

德育教育必须与实践相结合，以实践为基础，以实践为载体，以实践为检验标准。

没有以实践为基础的德育教育，必定是夸夸其谈的空话，必定是苍白的、软弱无力的。

在知识极大丰富、获取知识的渠道极大丰富的情况下，学生们对一般的、常见的、基本的德育教育概念已经司空见惯，增强德育教育的说服力、感染力、实效性，让德育教育真正“刺痛”学生的心灵，给他们留下终生难忘的印象，深入社会实践是极其重要的途径。

再次，以学生为主体是必要的。

学生是学习的主体。充分发挥学生在学习过程中的积极性、主动性，可以大幅度提高学习效率。

在学习过程中，学生不是被教师推着走、逼着走，而是主动地、快乐地往前走。学生是演员、旅行者、探险者，教师是导演、向导，关键时候启发、指引、帮扶，这样的学习充满乐趣、动力十足。

德育教育要作用于学生的思想和心灵，除了必要的理论教育，更多地需要学生自身的体验和感受，让学生们经过体验，自主地得出我们期望的结论。

在德育教育的方法上，应该更直接地把学生推上一线——教师带领学生进行德育教育，教师和学生组成“平等团队”进行德育教育，以学生为主、教师为辅进行德育教育，后者效果更好。

亲身经历了，亲身体验了，自己找到的答案才刻骨铭心。

复次，用好手机和网络新媒体是必要的。

现在的学生“人人网、时时网、事事网、处处网”，简直就是“蜘蛛一代”。

一机在手，足不出户，通联全球。

一机在手，人人都是媒体人。

手机成了大脑的延伸，成了身体的组成部分，成了必需的生活支撑平台。

小学高年级开始，学生人手一部手机，大学生更不用说了。用好手机和网络新媒体，对学生开展德育教育会收到事半功倍的效果。

我们不会为了听广播专门坐到汽车里，但乘车的时候会顺便听新闻、听广告；我们不会专门开车去看广告牌，但开车的过程中会不经意地看到路边的广告牌；我们不会专门到高速公路服务区买东西，但在高速公路服务区休息加油的时候会顺便买东西。这些都是聪明的商家根据汽车和高速公路的特点挖掘出的商机。

利用手机和网络新媒体对学生进行德育教育，要借鉴一下邻居们的高招。

76. 讲有趣的故事别露谜底

任何教育体系，都要培养自身制度的拥护者，而不是培养反对者。“百年树人”，本意就是理想信念教育。所以，对学生进行思想政治教育，十分必要，十分重要。这一点毋庸置疑。

如何让思想政治教育收到更好的效果？如何让思想政治教育起到应有的作用？方法技术层面有许多改进的空间。

一个孩子，如果先给他讲黑山羊如何与白山羊分享白菜、小白兔如何与小灰兔分享萝卜，再叫他把苹果分给小伙伴，他就会乐意；一部好的电视连续剧，编剧和导演抓住观众的心理，卖尽关子、兜尽圈子，观众们则耐心地追着它看、等待它的结局；一个风趣隽永的故事，让人久久回味，给人启迪，甚至影响人的一生……这是为什么？因为这些事情经过精心组织、精心设计、精心包装，变得轻松愉快、趣味悠长，参与者不知不觉中做出了和自己的生物本能不完全符合的选择。

如果孩子被呵斥，电视剧变成报告会，故事变成纪律条文，效果就会大打折扣。

糟糕的是，我们的历史、哲学、法律、思想政治教育课本中，没有细节，没有故事，全是干巴巴的枯燥教条。

思想政治教育主题和内容都没问题，但方法和呈现形式太直白、太简单，甚至太粗鲁。不讲究方法，没有技巧，光膀子开着推土机大喊大叫，离“滴灌”要求相去甚远。

规模宏大、场面热烈的“主题教育活动”，特别适合天真烂漫的中小学生；如果过多地用于大学，便不符合大学生的年龄和心理特点。

听朋友讲过一个成功的思想政治教育案例：某君旅居美国多年，为了让从小就生活在美国的儿子懂得中国共产党的英明，决定借回国之机对儿子进行思想政治教育。带儿子参观黄埔军校时，他没有简单地讲国民党如何黑暗腐朽、共产党如何救国救民，而是列出同受黄埔军校教育、投奔不同政党的著名军事将领名单，讲同出一门的黄埔同学、师生为了不同理想在战场上兵戎相见、你死我活……听着听着，孩子的疑问出现了：为什么同一所学校的毕业生选择的道路截然不同甚至水火不容？时机成熟，某君将早已准备好的罗列了国共两党不同主张、不同作为的“史料单”交给儿子，请儿子做决断：“如果你是黄埔军校的毕业生，你跟共产党还是跟国民党？”儿子思考后郑重其事地回答：“还是共产党好，我会选择跟共产党！”

这个回答，正是父亲想要的。巧妙的是，谜底是受教育者自己揭开的，决定是受教育者自己做出的！

这样的思想政治教育方法和技巧，正是我们需要的。

猜谜语的过程大约如此：①说出谜面；②猜谜者思考、分析、判断、取舍；③猜谜者得出谜底。

目前思想政治教育的方式大多是：先说出谜底，再给出材料、谜面，猜谜者思考、分析、判断、取舍根本不需要。结果是，“得来全不费功夫”的谜底，在猜谜者头脑中没有留下应有的“划痕”。

有时会有更糟糕的事情发生：猜谜者毫不费力地知道谜底和谜面之后，把功夫用在对谜底和谜面的质疑上——这谜底是真的吗？刻意选择这样的谜面材料是不是误导我？

现在，网络媒体很发达，获得信息的渠道很多，学生们见多识广，独立思考精神颇佳，分析判断能力很强，如果一见面就对他们说“我要教育你”“我要对你进行思想政治教育”“我怕你人生路走错了”“你要树立正确的世界观人生观价值观”，往往会引起抵触和反感，产生“抗药性”。相反，如果像那位爸爸，让孩子自己从史料中找谜底，通过实践找答案，这样的思想政治教育，效果要好得多、持久得多、巩固得多。假如有一天，孩子遇到和自己结论相反的人或事的挑战，他的第一反应是坚持自己的观点，捍卫自己的结论，而且会用自己的亲身经历现身说法。

卢梭说过：人性的首要法则，就是要实现自我保存以维护自身的生命；人性所首要关怀的，就是其自身的生命存在。

为了生存和安全，自卫是生物的天性。任何生物遇到强迫，都会本能地自卫和反抗。

春风化雨、和风细雨、润物无声、潜移默化，让孩子在不知不觉中接受思想政治教育，轻松愉悦地与我们一同前行，这才是我们要做的。

讲有趣的故事别露谜底，能做到，能做好，才是真本事。

77. 德育不同于知识教育

（1）知识教育的答案几乎是唯一的。无论哪所学校、哪位教师、什么样的意识形态环境，知识教育的结果大致一样。自然科学最典型，社会科学次之。

德育教育答案是多元的。不同国度、不同学校、不同观念的教师、不同的意识形态环境，教学结果完全不同。对宇宙的判断、对历史的判断、对现实的判断、对社会形态的判断、对政治制度的判断、对政权性质的判断、对政党理念的判断多种多样。

（2）知识教育内容有比较清晰的规定性。无论承认与否，它们都客观存在，都是现实的呈现。知识教育“不讲道理”，无论学生同意不同意、理解不理解，1+1都等于2；不会因为学生不理解、不同意，1+1就不等于2。

德育教育内容是基于历史和现实的思想成果，这种成果不止一个。选择某个成果作为德育教育内容，是某个人、某个群体、某个阶级、某个政党的判断。德育教育要“讲道理”。对德育教育的内容不理解、不接受，德育教育就没有效果，或者效果很差。

（3）知识教育目标清晰、边界明确、时间限度具体。小的知识点，可以一节课或几节课完成；复杂的知识点，可以几周或者几个学期完成。

德育教育虽然也有目标任务，但边界不清晰，完成任务的时间限度不具体。表面看，按照书本内容和课时安排，一些知识点可以在一定的时间内完成，实际上德育教育是一辈子的事。

（4）知识教育的实施场所主要在课堂、校园或者实习实训场所。

德育教育的实施场所不但在课堂、学校、实习实训场所，更多的是延伸到校外、家庭、社会。

（5）知识教育的授课人主要是教师，他们身份明确，对学生的教育积极主动。

德育教育的授课人不但有教师，还包括了家长、朋友、同学以及全社会看似与学生德育教育毫无关联的各行各业的陌生人。这些人，除了教师的身份是明确的，其他人完全不清楚，甚至从来没有意识到自己的言行对学生德育教育的示范作用。

（6）知识教育内容本身规定性决定的学习方法，需要运用记忆、计算、推理等线性逻辑思维，训练多是机械的、刚性的、重复性的。知识教育是将思维方法和认知结果强行统一于客观存在的“求同”教育，如果出现重大的“求异”结果，要么是明显的失误，要么是巨大的科学进步。

德育教育内容本身规定性决定的学习方法，需要更多地运用感受、理解、分析、判断、辨别、取舍等非线性思维和发散思维，学习过程和得出的结论具有放射性、多元性、不确定性。学习者好似身处广场中央，似乎往哪里都走得通，但实际上只有一个方向是正确的。感受、理解、分析、判断、辨别、取舍的过程复杂漫长，即使得出正确的结论，也需要不断地强化巩固。“求异”思维在这里有相当大的发挥空间，与众不同的结论往往会博得喝彩。

（7）知识教育是掌握工具。工具无是非，谁都可以用。

德育教育是价值判断、是非判断，它导致的行为结果与个人、群体、阶级、政党的利益相连。

78. 建新房　修旧房　拆迁改造

经过几十年反复研究和锤炼，德育教育、思想政治教育内容很正确、很精辟，但方法、形式、载体还有明显欠缺，应当进一步改进。

中小学生天真烂漫、思想单纯，政治意识、理想信念、世界观、价值观几乎是“一张白纸”。德育教育、思想政治教育好比“空地上建新房”，想怎么规划就怎么规划，想怎么设计就怎么设计。对这个阶段的学生，非常适宜搞大规模的“主题教育实践活动”，通过轰轰烈烈、声势浩大的“主题教育实践活动”，让我们设计的生活道德、人生理想、政治信念在他们头脑中打下牢固的基础，形成坚固的框架，这对他们一生的发展都很重要。

大学生活力十足、热情迸发、社会阅历增多、思辨能力不断提高、自我意识不断增强、性格上还有些叛逆。对他们的思想政治教育，好比“师傅带领徒弟建新房”，基础打好了，框架立起来了，师傅要带领徒弟完成新房。师傅指导，徒弟动手，关键环节师傅还要亲自动手。这个阶段，要根据大学生渴望独立、长于思辨、喜欢求新求异的特点，设计风格前卫、形式新奇、通过实践检验新材料、运用网络媒体尝试新工艺的思想政治教育活动，让“我们没有说出的观点”成为“他们得出的结论”。

对于干部的思想政治教育，好比“旧房维修”。要根据“房屋状况”“气候条件”“地质条件”经常巡查，不断检测，加固补漏。

当然，对于犯错误者的思想政治教育就是“拆迁改造”了。

79. 布置作业还是布置答案

中国从来都是人口大国，西汉末年人口6 000万，北宋后期人口达到1亿。

生存竞争、就业竞争、婚配竞争、对有限资源的竞争，世世代代伴随着我们。

我们总要为各种各样可能预料不到的情况做准备，总要在各个方面尽可能多地储备，以应对不时之需。储备粮食，储备金钱，储备人口，储备社会关系，储备知识和能力……

为了实现储备，必须有剩余。为了实现剩余，必须加倍生产。为了实现粮食剩余，便有额外劳动；为了实现金钱剩余，便有周六、周日不休息的额外经营；为了实现人口剩余，便有超生；为了实现社会关系剩余，便有没完没了的吃饭喝酒应酬；为了实现知识和能力剩余，学生们便有成堆的作业。

如果不布置作业，教师、家长、学生都会陷入迷茫。

如果不布置作业，所有的人都会不知所措。

为了应对不可预测的未来，为了让孩子的知识能力在未来竞争中“绰绰有余”，中国的家长、学校、教师想尽了布置作业的办法，孩子们的童年“乐趣”只有写作业。

学校、教师希望通过大量的作业，让学生反复练习，达到熟练掌握、熟能生巧、举一反三的境界。如果学校、教师“心太软”，不布置作业或者作业太少，家长便很快“补救”，送孩子上补习班——别人都在学，咱们可不能吃亏。

做作业，当然要独立思考。否则，怎么会了解过程、掌握方法？看答案、抄袭，是人品问题、道德问题。预先把答案告诉学生，绝无可能！

当然，万事没有绝对。

布置答案、不布置作业的课程也有，那就是德育。

德育教育，急于求成，省略了过程，直接把答案告诉学生，让学生觉得索然无味。所以，德育教育的效果不断衰减。

德育教育最大的弊病是没有故事、没有设计、不讲究过程、不研究对象、不注意方法、不能激发学生兴趣、没有打动学生情感的细节。开门见山就来——我要教育你！你必须如此这般！你要热爱谁、谁、谁！你要反对谁、谁、谁！

这样的德育教育，没有循序渐进的耐心，没有润物无声的巧妙，强迫、压服、灌输的味道很浓。

让学生死记硬背的答案百分之百正确，但忽略了学生思考、辨别、分析、取舍的过程，结果味同嚼蜡，令人兴趣索然。

德育教育的答案是油，被教育者是水，两者吸收融合程度有限。德育教育是盐，但盐不是加在饭菜里，不知不觉地吃下去，而是一大碗盐端上来当饭吃，当然吃不下。

孩子从出生到成人，要经历充满琐碎内容的过程：哭泣、生病、站立、走路、奔跑、爬树、上墙、摔打、挫折、犯错误、改正错误……种种喜怒哀乐，时间漫长、过程复杂、细节无数。经历了这一切，孩子的成长才正常、完整、真实而丰富。

背熟答案，成绩只在纸面上。

孩子一出生就逼他“直接长大”，没可能。

80. 并不完美的设计

只要时间够长，滴水必能穿石。

思想政治教育要点滴积累，长期坚持。

有了足够的感性体验，必能沉淀出想要的精华。

以下这些题目可以经常做、轻松做。

（1）家庭篇——亲情、尊老、感恩、历史传统教育。通过长辈的人生经历、移动迁徙、家庭变迁看国家社会发展。

记录爷爷、奶奶、外公、外婆的故事；

记录爸爸、妈妈童年的故事。

走访爷爷、奶奶、外公、外婆的故居（文字、图画、照片、录像）；

走访爸爸、妈妈的故居（文字、图画、照片、录像）。

为爷爷、奶奶、外公、外婆画像；

为爸爸、妈妈画像。

了解爸爸工作、生活中的苦恼；

了解妈妈工作、生活中的困难。

（2）师友篇——真诚、友善、关爱、助人、奉献教育。学会与别人打交道。

给老师写一封信；

给同学写一封信；

帮助一位家庭有困难的同学（绝不能提要求对方感恩之类的话）。

和邻居家的小朋友做游戏；

尝试和邻居接触。

本学期看过几台戏？编剧、导演、主要演员是谁？

本学期听过几场音乐会？哪个乐团演奏？指挥是谁？什么曲目？

本学期参观过几次博物馆？最有趣的展品是什么？

本学期去过几次图书馆？借了什么书？

本学期参观过几次美术馆？看了什么题材和造型？

你了解的文物古迹有哪些？

（3）社会篇——了解、体验不同职业的特点，学会换位思考，感恩他人，感恩社会，思考自己的职业理想。

经常做义工。

敬老院的一天；

福利院的一天；

交通警察的一天；

医生的一天；

军人的一天；

建筑工人的一天；

菜农的一天；

渔民的一天；

小贩的一天；

环卫工人的一天；

生产线上的一天；

留守儿童的一天；

孤寡老人的一天。

（4）国家篇——熟悉国家历史地理，明白国家核心利益，思考自己与国家的关系，担当自己责任。

结交不同民族的朋友，了解他们的文化传统、风俗习惯。

记录旅游目的地的历史、风物、民俗、地理、民族、宗教特点。

到祖国边疆旅行一次，记录所见所闻。

中国版图最大的朝代是哪个？

去一次海岛，记录风土民情、海洋物产、海底矿藏、气候特点、交通工具、生产生活方式。

祖国最东端；

祖国最西端；

祖国最南端；

祖国最北端。

祖国最热的地方；

祖国最冷的地方；

祖国最高的地方；

祖国最低的地方。

台湾岛；

海南岛；

钓鱼岛；

西沙群岛；

南沙群岛；

中沙群岛；

东沙群岛；

曾母暗沙。

新疆维吾尔自治区；

西藏自治区；

内蒙古自治区。

（5）世界篇——开阔眼界，做一个“世界公民”。尊重多元文化，把我们的想法和看法告诉世界。

出国旅行；

结交外国朋友。

文化平等；

种族平等；

宗教平等。

在哪些国家能够感受到中华文化的影响？

有没有从国外买回过“中国制造”？

了解外国人对中国的看法；

向陌生的外国人介绍中国；

向陌生的外国人介绍孔子；

向陌生的外国人介绍毛泽东；

向陌生的外国人介绍中国共产党。

向外国人解释是否存在“中国威胁论”；

向外国人解释共产党领导的多党合作制。

向外国人说明中国的优势；

向外国人说明中国的缺点。

(6) 自然与科技篇——了解自然，探索自然。

动物有思想吗？

可以把我们认为的害虫都消灭光吗？

大自然中人和动物是平等的吗？

煤炭；

石油；

天然气；

核能；

风能；

太阳能；

绿色能源。

海洋；

森林；

草原；

淡水。

可以按人口数量平均分配陆地和海洋吗？

可以按人口数量平均分配地球资源吗？

羊为什么不吃肉？

宇宙中是否存在与人的生存方式完全不同的高智能生物？

有没有吸进二氧化碳呼出氧气的动物？

人和动物、植物能不能基因置换？

81. 不搞运动

对学生进行世界观、人生观、价值观教育，是每个国家都要做的事情。所不同的，只是方法和手段。

国人习惯把“政治”和“运动”联系起来，一讲“政治”，就是“运动”。一旦“运动”，就要全民动员、轰轰烈烈、口号震天、红旗招展。思想政治教育课程因为和“政治”沾边，所以仍有“运动”的色彩；除了课堂教学，还要搞一些临时性轰轰烈烈“运动式”的活动；经常“叠加式”地下达工作任务，“倍增式”地强调课程的重要性。

教育是“百年树人”的事业，周期长，投入大，见效慢，不可能通过短期轰轰烈烈的运动一蹴而就、解决所有问题。即使把运动搞起来，也不可能让高温度的热情、高强度的能量长时间持续。

把思想政治教育课程搞成运动，损害了这门课的科学性、规范性、严肃性。

既是课程，必定科学、规范、严肃、严谨。因为如此，这样的课程才是学生必需的。如果很随意、很随便、不断变化，如何能作为课程进入学校和课堂呢？如何具有说服力和可信度呢？

和其他课程相比，为什么语文、数学、物理、化学没有临时性、随意性、运动式的形式呢？如果把语文、数学、物理、化学也搞成临时性、随意性、轰轰烈烈的运动形式，将会是什么状况呢？

运动总是突击式的，优点是短时间内强度很大，缺点是热度难以持续。思想政治教育课程应当遵循教育工作基本规律，像语文课、数学课、物理课、化学课一样，平心静气地上，按部就班地上，规范严谨地上，不能蹦蹦跳跳，不能浮躁变换，不能那么不成熟、不自信。

对中国特色社会主义要有“道路自信”“理论自信”“制度自信”，对学生的思想政治教育应该更加自信。

学生在校学习，只是人生的一个阶段，此时的思想政治教育固然重要，但不可能解决一个人一辈子的所有问题，更不可能解决全社会期待解决的所有问题。反复强调、不断叠加、过分夸大思想政治教育课程的作用，可能会使思想政治教育课程不堪重负。

正确的方法是，抓住学生年龄、心理、学习规律、成长规律特点，把我们要完成的思想政治教育任务仔细分解罗列，做最佳组合匹配，科学冷静地实施，在关键问题上取得突破、收到实效，为学生终身成长、健康发展奠定基础。

倘能如此，已经足够。

82. 蜘蛛一代

互联网有很多特点，大家关注不多的特点之一，就是它对传统社会生活的叛逆——原来做不到的，现在能做到；原来能做到的，现在做不好；原来这样做的，现在不能这样做；原来这样说的，现在不能这样说……

如果不信，请看看互联网的使用主体——中青年，他们独立性强、思辨能力强、创新能力强、叛逆性也强。

互联网是按照自己的标准和规律，把所有社会要素重新定义、配置、表达的完整社会。

不按互联网的规律行事，在互联网上寸步难行。

不按互联网的规律行事，和网上长大的“蜘蛛一代”无法相处。

现在的学生，无人不网、无时不网、无事不网、无处不网。

学校工作，不到网上去找学生，在别处费多少力气都是瞎忙乎。

如果有人能够建一个专门面向教育的网，从小学到大学，把学校所有的事、学生所有的事“一网打尽”，肯定受政府欢迎、市场欢迎、家长欢迎、学生欢迎，社会效益和经济效益双丰收。

网上长大的“蜘蛛一代”，喜欢网络交流、网络聚集、网络交友、网络娱乐、网络上课、网络考试、网络比赛、网络爱情、网络购物、网络喧闹、网络围观、网络语言、网络表情等网络生活方式。网络人生和传统的现实生活方式完全两样。

按照网络的方式、网络的标准、网络的规律，对学校所有的事、学生所有的事，重新定义、定位、配置、整合、展示、表述、评价，学生会更喜欢、接受程度会更高、效果会更好。

学校，是学生成长的必经之路；德育、思想政治教育，是学生“正心”、成熟必经之路；网络新媒体，是学生生活生存必须依赖之工具。将三个“必不可少”整合在一起，作用和威力将是无限的。

第十六捆

说教育工作者

83. 占领道德制高点

在教育部门工作，应该把自己定位为教师。

立德树人，为人师表，学为人师、行为世范，这是对教师的起码要求。

教育工作者需要有政治素质的高度、职业道德的高度、个人品德的高度。

教育工作者的服务对象是知识分子，自己也一定要有知识分子的修养。

知识分子独立、清高，以探求真理、维护正义为天职；知识分子有思想、重品行、重节操，不随流俗，顶得住诱惑，不趋炎附势，不卖身投靠，不颠倒黑白，不指鹿为马，不阳奉阴违，不两面三刀，不欺上瞒下，不说一套做一套。这些品质和修养是教育工作者必须具备的。

一脸真诚、满口谎话，台上讲学术、心里谋权术，满脑子小圈子、关系网，满肚子低级、庸俗、功利的小算计，这样的人没资格从事教育工作，也干不好教育工作。

84. 学习能力

学习能力是当代人应该具备的最起码素质，也是最重要的素质。处在知识爆炸的年代，我们没有能力制造知识爆炸，但应该尽可能快、尽可能多地学习吸收知识爆炸的成果。

你不是教授，但要知道教授想什么；你不是专家，但要懂得专家怎么工作；你不是学者，但要知道学者需要什么。你不是教授、专家、学者，你要会为教授、专家、学者服务。这一切都需要学习，要像研究学问那样研究教育工作规律，每个人都要能够从学术的层面理解、表述手头的工作。

教育家在基层，在教学科研一线，不在机关，在机关工作的同志要摆正位置、端正态度。

我们是服务者。我们要为大学服务、为中小学服务、为幼儿园服务、为一线教师学生服务，能服务好相当不容易。面对服务对象，不能什么都说不行，要多说行，要替基层学校找理由、想办法，帮助他们干成想干的事情。

85. 抓住主要矛盾　顶层制度设计

抓住主要矛盾，通过制度设计，从根本上解决教育发展中遇到的问题，这是教育工作者最应该花气力、下功夫的地方。

改革开放初期，“包产到户”“家庭联产承包责任制”让几亿中国农民一下子松绑了、活跃了，不但短期内解决了温饱，而且有一部分勤劳聪明的人很快富起来了。

20世纪90年代，“公司法”“股份制”让国有企业活力增加、竞争力增加、管理规范、快速发展壮大。

教育系统有没有“包产到户”“家庭联产承包责任制”“公司法”“股份制”这样能抓住行业深层次矛盾、解决根本问题、极大地解放生产力的办法呢？在学前教育、基础教育、职业教育、高等教育、民办教育方面，在加强教师队伍建设、加强学科建设、提高教学质量、提高科研水平、解决中青年教师住房等重大问题上，有没有这样牵一发而动全身的灵丹妙药呢？我相信是有的。

找到这样的办法，工作就会事半功倍；找不到，就会手忙脚乱、疲于奔命。

86. 调查研究　归纳问题

机关干部容易困在机关，看文件、等请示、听汇报，把办文件当成主要工作。事实上，机关办文的目的是为了给基层办事，如果不了解基层实际情况，文来文去，必然变成闭门造车、纸上谈兵。

深入基层，走进校园，走进课堂，调查研究，发现问题，归纳问题，解决问题，是教育工作者的基本功。

比如：

高校债务问题。目前几乎所有高校都负债，而且还在不停地借钱，资金链断了怎么办？将来谁还钱？

高职院校大兴土木、高速扩张，程序完备吗？步子扎实吗？大楼建起来，干部会不会倒下去？

现在高校教师中，中青年教师占了一半以上，大部分人没有享受房改政策，而高校校园土地又相对宽松，能不能开个口子，让高校利用自有土地建教师住房？

高校反映，科研经费不容易拿到，拿到又要突击花，因为财政部门的年度计划和学校的年度计划不同步。我们能不能和财政部门沟通，把科研经费的“年度计划”适当延长？

教育管理部门的干部深入基层、走进校园、走进课堂越来越少，一是因为陷于琐碎的事务性工作中无法脱身；二是对业务不熟，没有底气、没有勇气面对一线师生。

政府重大决策听专家的意见，部门遇到难题找专家咨询，我们就工作在专家教授群里，却没有虚心听取他们的意见，充分尊重他们的意愿，反而以专家自居，把真正的专家教授指使得团团转，实在是颠倒糊涂。

87. 组织策划　贯彻执行

工作中，大家经常提出这样那样的目标，这很好，但远远不够，应该再进一步，提出实现目标的方法和路径。

发现问题只是开始，选择合适的方法解决问题才是目的。你要过河，怎么过去？游泳？乘船？架桥？关键是怎么下手、怎么做。每个人都有难处，每个部门都有难处，多大的官都有烦恼，全世界都缺钱，关键是扬长避短，趋利避害，走通夹缝，实现自己的目标。不会做，一切都没用。

解决问题的时候，要分清楚：哪些事是省的层面要做的？哪些事是市县要做的？哪些发通知、提要求、又给钱？哪些发通知、提要求、不给钱？不能什么事都不管，也不能什么事都大包大揽。

什么事都管、什么事都做、什么事都亲力亲为是“加强”；在一些问题上放开、放松、少管、甚至不管是“进一步加强”。今天的教育工作，正在经历20世纪我国农业、工业改革过程中“减政、放权、搞活”的过程，这方面空间很大，要做的事情很多。“减政、放权、搞活”之后就是“规范化、国际化”，教育工作在“规范化”、“国际化”之后还要“中国化”。

改革的过程，农业、工业、教育差不多。

把教育工作分级、分层、分领域、分重点，落实到部门和责任人，才有好的效果：

以改革为动力，通过制度设计，激发学校内在活力，解放教育生产力，加快教育发展，这是总任务。

学校层面，激发学校内在活力，以培养创新人才为目标，实施素质教育，更新观念，创新方法，提升能力，抓教改，抓课改，抓人才培养机制创新。这是校长的责任，包括小学校长、中学校长和大学校长。

教育系统层面，优化整合资源，增加优质学位，解放教育生产力，实现公平、均衡、特色、高质量、多样化。包括优化整合基础教育资源、职业教育资源、高等教育资源。这是教育厅、教育局的责任。

政府和社会层面，抓住“创强”“争先”“均衡”几个重点，争取更多的资源投向教育；提高教育质量，促进经济社会发展，引领经济社会发展。这是各级党委、政府的责任，教育厅、教育局要积极争取。

我们可以做很多，但做不了更多；我们可以做更多，但做不了最多；我们可以做最多，但做不了全部。评价我们工作水平、工作质量、工作效率的标准不是工作量，而是看我们能不能激发学校的内在活力，能不能调动基层的积极性、创造性。

88. 协同作战

教育工作线长、面广、头绪多、事情杂，不同部门各司其职，忙得不亦乐乎。单枪匹马，孤军奋战，各说各话，不沟通；规划部门不联系招生部门，招生部门不理睬学校管理部门，学校管理部门不沟通就业部门；一班放水很辛苦，二班抗洪很辛苦，三班抢救伤员很辛苦，一去领奖，都是一个部队的，很奇怪。

如果加强联络与沟通，协同作战，问题就会迎刃而解。

89. 学学老中医

教育部门解决问题，快刀斩乱麻的不多，打太极拳者居多。

西医治病，直奔目标，定性定量，不行就开刀切掉；中医治病，看整体，重辩证，注意个体差异，慢慢调理，慢慢引导，清热，解表，固本，祛邪，补肾，健脾，调肠胃，给足出路，因势利导。

教育工作处理矛盾和问题，要学学老中医。一是因为教育工作周期长，见效慢，急不得；二是因为我们面对的是少则几百人、多则几万人的群体。眼前是学生，后面是家长。稍有不慎，就会酿成群体事件，后果不堪设想。

90. 跳出教育看教育

我们常说：当局者迷，旁观者清。

教育部门的干部，大部分没站过讲台，一些人学校毕业以后就不怎么读书了。有的人只研究文件，不接触实践，从校门到机关，除了自己办公楼，其他行当的事都不知道，还常常以教育专家自居，洋洋得意，指手画脚，派头十足，实在滑稽。

跳出自己的小圈子，拉开一些距离，换一个角度看自己，优势不过是屁股底下那把四条腿的椅子。

91. 有理想　有毅力

教育工作制造“未来产品”。

小学教育成功与否，要 30 年才知道；中学教育成功与否，要 20 年才知道；大学教育成功与否，要 10 年才知道。

我们要对制造“未来产品”的理念充满信心，对制造“未来产品”的方法充满信心，对我们制造出的“未来产品”充满信心。

提起教育，大家马上就会想到“百年树人”。确实，教育就是一棵树，要一年一年地长，一个年轮一个年轮地积累。几年突击，可以建成一座大楼；几年突击，小树苗无论如何也长不成参天大树。

虚心学习，深入思考，审慎取舍，持之以恒，坚定不移，定有收获。

92. 每天都要想着能为基层做什么

干部存在的意义是为群众解决困难，上级存在的意义是为下级解决困难，领导存在的意义是为基层解决困难。

跟着你吃不饱、穿不暖、颠沛流离、惊恐万状，一辈子坎坷曲折，这样的领导、这样的上级、这样的干部太窝囊。

嫁人千万不能嫁这样的人，娶人千万不能娶这样的人。

机关干部水平高还是基层干部水平高？

我认为基层干部水平高。

基层要直接面对矛盾、直接面对群众、直接解决这样那样的问题。一件事情看似简单，解决起来不知要费多少周折。

机关工作把握大方向、制定宏观政策、线条粗，干起来要容易很多。

一些机关干部，不了解基层难处，不体谅基层干部苦衷，口气大、脾气大、架子大，今天发通知，明天检查，后天就通报批评张三李四。这样的风格、这样的做法，是典型的“不当家不知柴米贵”“饱汉不知饿汉饥”“站着说话腰不疼”。

基层干部难在面对群众，机关干部难在看清大势。

基层不懂的，机关干部也不懂，那你凭什么待在机关？

基层不会的，机关干部也不会，那你凭什么坐在办公室？

基层等你指方向，你说我也晕得厉害，那你凭什么占这个位子？

基层等你出政策，你出的政策南辕北辙，要你这领导有何用？

不能为群众服务，不能给基层解决困难，这样的干部不称职。

第十七捆

夏日草原

93. 鼓励上进 别走极端

世界各国的教育，传统不同，观念不同，侧重点不同，特色五花八门：

美国的教育，异想天开；

芬兰的教育，心无旁骛；

德国的教育，精准精准、实训实训；

中国的教育，作业作业、考试考试……

中国自古就是人口大国。每朝每代，与同时期的其他国家横向比较，我们的人口数量都空前巨大。

每个时代的生产力都与时代同步，国人似乎永远面临资源危机、生存危机。因此，对食物的竞争、对财富的竞争、对配偶和生育机会的竞争、对控制权和制高点的竞争无处不在。

所以，国人的心静不下来，心定不下来，要不断竞争，不断超越，永不停顿，永不满足。

国人特别热衷争第一。

“第一”，是唯一。

“第一”，只有一个。

“第一”，无法和别人共享。

“第一”，是排他性的。

从小争第一，无意中阻碍了孩子打开心灵、接纳别人、与别人分享、与别人合作的性格习惯的养成，使孩子变得自私狭隘。

“一个人是条龙，一群人是条虫”，这种形容国人缺少合作精神、互挖墙脚的笑谈，似乎可以追溯到让孩子从小“争第一”的教育。

竞争好还是合作好？变革好还是守成好？此事不能一概而论。

长远看来，变化是永远的。永远不变的就是变化。变革中，要坚守那些经过时间和实践考验的正确原则和根本基础，否则会无所凭依，变革成了浮躁和折腾。

学生学习，平心静气、有兴趣、不功利才是最佳状态，也才会收到好的效果。

不为“争第一”的学习，屡屡有惊喜；全力“争第一”的学习，往往受打击。

鼓励上进，别走极端。

学习目的与结果背离的诡谲，经常让人哭笑不得。

94. 穿西装　穿T恤　光膀子

网络媒体可以有无数个特点，但最基本的特点是“否政府”“否主流”“否权威”“民间心态”“个人视角”。

网络媒体人的身份特点是：平民化、草根化、无组织。

网络媒体人的行为特点是：潜伏、隐蔽、跟风。

网络媒体人的行为效果是：蝴蝶翅膀扇出飓风、小鱼小虾掀起惊涛骇浪、把火烧大站在远处看热闹。

网络媒体人的思维模式是：只相信事实、不需要结论（结论要自己得出）。

目前，在网络上出现的媒体大致可以分为三类：

第一类，传统媒体上网（包括各类政府网站）——好比穿着西装的政府官员，用官方模式、官方思维、官方视角、官方语言发布官方消息。这类“网络媒体”是新瓶装旧酒、用新技术干旧事情，刻板、僵硬、自我、自大，和受众距离感明显，吸引力、号召力越来越小，费力不讨好。

第二类，以民间形式出现的官办媒体——好比穿着牛仔裤、T恤衫的学者，用学者的思维、专家的角度、专业的口吻发布官方消息、阐明政府立场、解读官方政策。这类网络媒体“专业化”的面孔拉近了与受众的距离，亲切感增强，对公务员、知识界、专业人士有较大的吸引力。

第三类，民办商业网站、公众自媒体——好比穿睡衣、光膀子、宅在家里的普通人。这类网络媒体中“独立”“自我”是核心，“我就是我”“我只关心和我有关、我愿意关心的事”“我的观点和社会、公众、其他人无关”“我不顾忌任何人、甚至不需要和任何人见面（当然是心理上）”。这类网络媒体，开放度很大，自由度很大，中心不确定，颇有走到哪里算哪里的意味。

优化网络生态，要把建设放在第一位。手里有阵地，手里有队伍，手里有品牌载体，才有对网络媒体的影响力、支配权。

第一类网络媒体，要大张旗鼓地加快转型。

第二类网络媒体，要不动声色地大力发展。

第三类网络媒体，要不留痕迹地培养骨干。

这中间，特别要注意的是：研究网络媒体的特点、研究网络受众的特点、按照网络媒体的规律办好网络媒体的事情；与网民的身份认同，是被网民接受、对网民产生影响的关键前提。

用传统媒体的方法搞网络媒体，要么适得其反，要么“见光死”。

95. 调皮的孩子很可爱

教育孩子，我们讲得最多的两句话是：

乖！听话！

其实，孩子的天性是玩、调皮。

在孩子的世界里，调皮是学习、训练、探索、求知。

调皮，包括活泼、幽默、有活力、有创意、追求新知、善于发现、勇于探索、不断创新。

把“调皮”换成“有活力”也可以，但“有活力”太笼统、太刻板，不足以表达我的意思。当然，如果对小学生、初中生讲，我可能不会用“调皮”，而会用“有活力”。否则，孩子没法管了，校长、教师要找我投诉。

为什么孩子“调皮”才好？

观察发现，在学校十分听话、十分乖的孩子，长大进入社会，工作生活相对平庸的比较多。那些调皮的孩子，头脑灵活，适应能力强，生存能力强，在时代、社会、政策、机遇的夹缝里，做出让大家意外的成绩。

教育，一方面教知识，另一方面教思想行为方法。要孩子“乖”，要孩子“听话”，就是让孩子的思想行为守规矩，不能逾越、不能创新、不要冒险、不能突破。长此以往，孩子性格的自然属性、野性、创造性都没了。

“听话”的“乖”孩子，不是田野里伸胳膊伸腿、恣意发挥、尽情舒展的树，而是公园里被修剪得方方正正、呆若木鸡、扭捏作态的盆景。

“调皮”，是在服从统一要求之外，有自己独特的想法，是不脱离集体又有别于集体。这样的孩子，动作规范而不僵化；行为符合要求，又在要求之外跃跃欲试；完成共同任务的同时“意犹未尽”，别出心裁、标新立异。

这样的思想行为特点，使他们释放了成长过程中身体上、心理上的压力，保持了好奇的心理、探索的精神、尝试的热情、冒险的勇气。

“调皮”是不安于现状，“捣蛋”近于无事生非。“调皮”不能和“捣蛋”连在一起。一些孩子过分“调皮”，到了“捣蛋”“捣乱”的程度，影响了他们的发展。

调皮玩耍都不会，这孩子就麻烦了。

守规矩不呆板，有活力不捣乱，既善求同，又会求异，这样的孩子，我们喜欢。

96. 守住根本

中国从来不缺敞开胸怀拥抱世界的热情和勇气。

2 000 年前，佛教来到中国，从皇帝到平民，虔诚敬畏，顶礼膜拜，佛教很快本土化。

如今，佛教是中国普罗大众信仰最广泛的宗教。

100 年前，马克思主义来到中国，民族精英、有识之士，找到了救国救民的真理，奉为圭臬，从此马克思主义一步步中国化，产生出毛泽东思想、邓小平理论、“三个代表”重要思想、科学发展观、习近平总书记系列重要讲话等成果，指引中国人民打倒列强、打倒军阀、打倒日本帝国主义、打倒国民党反动派、建立新中国、改革开放、找到中国特色社会主义道路。

没有马克思主义，就没有中国共产党，就没有新中国和中国特色社会主义。

前进途中，回头仔细想想：在中国取得巨大成功的两大思想理论，佛教来自印度，马克思主义来自德国，中国自己的历史传统和思想文化又去了哪里呢?

中国历史文化 5 000 年从未中断，全世界独此一家。

中华文化 5 000 年，源远流长，根深叶茂，生机勃勃。

“仁义道德”“礼义廉耻”“忠孝节义”“仁义礼智信”“孝悌忠恕礼智勇恭宽信敏惠”等中国传统道德，加起来总共不超过 30 个字，中国人信了几千年，今天仍在我们的血管里涌动……

回顾我们走过的足迹，近处还算清晰，远处依稀模糊。

仰望5 000年的大树，树身伟岸，枝干强壮，花繁叶茂，但根脉不易追寻。

为什么？因为我们曾经冷落了自己的历史文化。

五四运动，曾提出“打倒孔家店”的口号，但很快被军阀混战的硝烟炮火湮没了。

十年“文化大革命”，不但把作为中国传统思想文化道德载体的历史文物以“封资修”“四旧”的罪名扫除摧毁，更加动摇了人们对中国传统思想文化道德的敬畏，消解了中国传统思想文化道德在人们心目中的尊严。

我们生活在当代，很难走出当代，更难超越当代看当代。

今天，虽然对中国传统思想文化道德的认知态度有所回归，但仍没有将其抬升到应有的高度。

好在，经纬乾坤者总会及时出现。

2014年9月24日，习近平总书记《在纪念孔子诞辰2 565周年国际学术研讨会暨国际儒学联合会第五届会员大会开幕会上的讲话》中，对中国优秀传统思想文化做了系统梳理、全面阐述，列举了15种思想——道法自然、天人合一；天下为公、大同世界；自强不息、厚德载物；以民为本、安民富民乐民；为政以德、政者正也；苟日新日日新又日新、革故鼎新、与时俱进；脚踏实地、实事求是；经世致用、知行合一、躬行实践；集思广益、博施众利、群策群力；仁者爱人、以德立人；以诚待人、讲信修睦；清廉从政、勤勉奉公；俭约自守、力戒奢华；中和、泰和、求同存异、和而不同、和谐相处；安不忘危、存不忘亡、治不忘乱、居安思危。

这就是我们的根脉，这就是我们的基因，这就是我们的DNA密码。

过去、现在、未来，中国之所以是中国，中国人之所以是中国人，中华民族之所以是中华民族，相当多的答案要到这里去追寻。

这里，不但找得到解决当下中国问题的思路，更加蕴藏着解决世界难题的智慧，值得我们一代代传承、毫不动摇地坚守。

丢掉根本，不知道所由来，不知道所将往，就会迷失方向。

中国虽然是世界上人口最多的国家，但在思想、道德、价值观方面，经常受到西方世界的无理攻击，而我们的反击又是那么无力又无奈。

如果高扬中国优秀传统思想文化道德旗帜，对中国优秀传统思想文化道德进行与时俱进的创新，用占世界人口20%的群体都遵循的思想、道德、价值观回击西方世界对我们的无端责难，不但有充分的说服力，更能将意识形态领域的反击战，打成中国人人都可以上阵的“人民战争”。

倘能如此，世界意识形态格局都将发生巨大变化，中国优秀传统思想文化道德的威力将得到极大释放！

97. 世界唯一

“南海Ⅰ号”快速发掘、数万件文物重见天日……权威媒体反复报道，“南海Ⅰ号”又一次吸引住公众的眼球。

“南海Ⅰ号”装载的宋代瓷器至少50 000件，加上国内外博物馆的收藏，全世界现存宋代瓷器100 000件应该没有问题。因此，“南海Ⅰ号”发掘出多少瓷器、金器，并不稀奇。

“南海Ⅰ号”有一件全世界唯一的珍贵文物，那就是沉船本身。

“南海Ⅰ号”沉船，是全世界唯一的宋代木质沉船，它是“南海Ⅰ号”所有文物中最珍贵的。

木质沉船保护，是全世界水下考古最大的难题。

随着发掘工作的快速推进，“南海Ⅰ号”沉船将逐渐暴露。

我们相信，“南海Ⅰ号”木质沉船保护方案、保护技术已经准备就绪，未来的保护工作将会取得巨大成功。

如果只开刀不治病，那就惨了。

98. 两个醉汉

大家都在讨论中国，应该听听在座中国人的观点。

30 多年来，中国取得了举世瞩目的成就，经验有两条：一是政府保持对经济社会的强力干预，二是大力发展市场经济、加强法治建设。市场经济为中国的发展提供了强劲的动力，政府的强力干预保证了中国发展的正确方向，二者缺一不可，我和我的同事们都有深切感受。我们相信，中国今后的发展还会坚持这种模式。比如，一匹马可以载着我们前进，但马并不知道目的地在哪里，所以到十字路口的时候，我们要告诉马向左走还是向右走、走快些还是走慢些。

关于中美关系，我持乐观的态度。

中国需要美国的庞大市场，美国需要中国的庞大外汇储备，两个大国相互依赖，谁也离不开谁。中国和美国就像两个喝多酒的醉汉，谁单独站起来都会摔倒，如果两个人抱在一起，两条腿变成了四条腿，就能站稳了。两条腿的椅子没法坐，四条腿的椅子很稳当。看看，我们坐的椅子都是四条腿。

99. 仁、信、和——中国应向世界传达的政治理想

世界政治、经济、意识形态阵营的融合、板结交织并行。

中国虽有5 000年历史，许多方面仍处于弱势守势；资本主义出现很晚，却常常自以为是、咄咄逼人。

现在，中国对世界经济的影响力不断增强，但在意识形态领域，仍然无法理直气壮。

西方阵营把他们信奉的“自由”“平等”“博爱”“民主”“人权”推崇为全人类必须遵守的“普世价值”，经常动用飞机、导弹、航母“捍卫”他们的价值观、推广他们的价值观，那种霸气，似乎以为资本主义出现之前人类意识形态领域一片荒芜。

中国的价值观，虽然也包括了“民主”“平等”“自由”“公正”“法治”，但很难走出国门。

意识形态领域的对垒，西方阵营经常以主考官的架势颐指气使地出考题，我们不得不满腹委屈地一次次认真接受考试。

不得已，在和资本主义阵营交流时，我们只好暂时收起自己的政治理想，淡化意识形态特色，专注经济合作。

一个大国，没有针对人类和世界的政治理想，无论经济怎么发达，总显得苍白。

由此，我们不得不思考这样的问题——意识形态领域，中国怎样由被动转为主动？中国应该向世界传达怎样的政治理想？

盘点中国意识形态仓库，硕果累累，并非无兵可用，缺的只是排

兵布阵的思考和策划。

冷静分析东西方阵营意识形态方面的攻守优劣态势，我们完全可以拿出扭转被动局面的武器、阵势、战法。

中华优秀传统文化，经历了5 000年的选择、沉淀、淬炼，“仁、义、道、德”“礼、义、廉、耻”“忠、孝、节、义”“仁、义、礼、智、信”等精华，精粹凝练，至今为世界五分之一的人民遵从敬仰。选择其中与当今中国政治理想、外交理念相吻合的部分，革新改造为简短、响亮、清晰、易懂的政治理想符号，作为中国向世界宣传的政治理想载体，隆重推出，必能收到奇特的效果。

“仁”——友爱、仁慈、亲善、互助。

“信”——真诚、忠厚、守信、不欺。

“和”——和平、和睦、和谐、和衷共济。

“仁”“信”“和”，有5 000年的传统，古老的中国智慧渊源久远、历久弥新，西方意识形态仓库中找不到与之辈分相当的“老爷爷”出来应战。

“仁”“信”“和”，有当今13亿中国人遵从信仰，队伍庞大，基础雄厚，可以把意识形态对垒变成中国人人皆可上阵的“人民战争”，把民间外交、民众外交威力发挥到极致。

“仁”“信”“和”，有中国的港、澳、台中华文化圈的实践经验，有日本、韩国、朝鲜、越南、新加坡等儒家文化圈国家的认可，向世界传播条件便利。

“仁”“信”“和”，与佛教理念相通甚多，印度、尼泊尔、泰国、老挝、柬埔寨、孟加拉国等佛教大国自然而然会和我们走近，整个亚洲会形成“政治理想共同体”。

“仁”“信”“和”，与当今中国外交理念高度吻合，中国正躬行实践，高举旗帜，振臂一呼，追随者影从。

100. 教育自信与教育特色

2014年青年节、教师节，习近平总书记在北京大学、北京师范大学对教育工作发表两次重要讲话。

这两篇讲话中，总书记反复强调教育的中国特色。他说：办好中国的世界一流大学，必须有中国特色。世界上不会有第二个哈佛、牛津、斯坦福、麻省理工、剑桥，但会有第一个北大、清华、浙大、复旦、南大等中国著名学府。希望广大教师认清肩负的使命和责任，努力为发展具有中国特色、世界水平的现代教育，培养社会主义事业建设者和接班人做出更大贡献！

这两篇讲话，内容深邃，旨意高远。

什么是教育的中国特色？这一问题发人深思。

第一，教育特色源于教育自信。

自觉、自信、自立、自强，是教育具有特色的前提。

教育的自觉、自信、自立、自强从哪里来？

（1）教育的自觉、自信、自立、自强源于马克思主义的理想信念。

马克思主义与中国实际相结合，产生了中国共产党、中国革命、中华人民共和国、中国特色社会主义道路，这便是中国教育自信的底气。

（2）教育的自觉、自信、自立、自强源于中国共产党发展、奋斗、成功的红色历史和经验。

1921年，中国共产党成立时，4亿多人口的中国，只有共产党员50多人。仅仅28年，中国共产党就取得国家政权，这在世界历史上是罕见的。

新中国成立65年，经过艰苦探索，特别是经过30多年改革开放，中国已经成为名副其实的大国。

到“两个一百年”目标实现，中华民族伟大复兴的中国梦实现，中国就是名副其实的强国。

5 000年历史，中国绝大多数时间走在世界前列；1840年到1949年，100年间，中国腐朽落后、列强凌辱、丧权辱国、内忧外患，几乎到了亡国灭种的绝境；1949年到2049年，新中国成立100年，中国特色社会主义道路引领中华民族伟大复兴，再登世界民族之林的巅峰。

走过将近100年的历程，中国共产党可以大声昭告世界：我们探索过！我们奋斗过！我们成功了！

这就是中国教育自信的实力。

（3）教育的自觉、自信、自立、自强源于5 000年中国优秀传统思想文化。

5 000年来，无论看局部，还是看整体，中国历史、中华文化、中国教育从来都是卓尔不凡的“这一个”。

看不到自己独特的思想、独到的方法、独有的成就；不能为历史、为祖先、为自己由衷地自豪；对国家民族的过去、现在、未来没有必胜的信心；塌了祖屋、荒了祖坟、卖了田产、跟别人跑，日子再好都没有意义。

2014年9月24日，习近平总书记《在纪念孔子诞辰2 565周年国际学术研讨会暨国际儒学联合会第五届会员大会开幕会上的讲话》中，对以“儒家思想”为代表的中国传统思想文化做了深刻、系统、全面的梳理，列举了“15 种思想”——

道法自然、天人合一的思想；

天下为公、大同世界的思想；

自强不息、厚德载物的思想；

以民为本、安民富民乐民的思想；

为政以德、政者正也的思想；

苟日新日日新又日新、革故鼎新、与时俱进的思想；

脚踏实地、实事求是的思想；

经世致用、知行合一、躬行实践的思想；

集思广益、博施众利、群策群力的思想；

仁者爱人、以德立人的思想；

以诚待人、讲信修睦的思想；

清廉从政、勤勉奉公的思想；

俭约自守、力戒奢华的思想；

中和、泰和、求同存异、知而不同、和谐相处的思想；

安不忘危、存不忘亡、治不忘乱、居安思危的思想。

习近平总书记高度评价孔子、儒家思想、中国优秀传统思想文化：从历史的角度看，包括儒家思想在内的中国传统思想文化中的优秀成分，对中华文明形成并延续发展几千年而从未中断，对形成和维护中国团结统一的政治局面，对形成和巩固中国多民族和合一体的大家庭，对形成和丰富中华民族精神，对激励中华儿女维护民族独立、反抗外来侵略，对推动中国社会发展进步、促进中国社会利益和社会关系平衡，都发挥了十分重要的作用……

习近平总书记的高度评价告诉我们：5 000 年中华民族历史，无论成功还是失败，无论经验还是教训，都是我们的宝贵财富。5 000 年中华民族历史，是一个完整的整体，不能被人为割裂，不能断章取义，我们要继承下来，传承下去，传至永远。

这就是中国教育自信的深厚土壤。

因此，无论讲根基，还是讲理想，马克思主义理想信念、中国共产党发展奋斗成功的红色历史和经验、5 000 年中国优秀传统思想文化，此三者，就是中国教育自信的力量源泉。

有了充分的自信，中国教育才能办出特色。

第二，教育如何具有中国特色?

教育的根本任务是立德树人。

教育的目标是培养创新人才。

教育要有中国特色，就是要从马克思主义理想信念、中国共产党发展奋斗成功的红色历史和经验、5 000 年中国优秀传统思想文化中汲取力量和智慧，借鉴人类优秀文明成果，找到解决中国问题的独特方法和道路，找到解决世界问题的独特方法和道路。

经过65 年努力，我们已经找到用中国精神、中国智慧、中国风格、中国模式发展中国的道路、理论、制度；接下来还要找到用中国精神、中国智慧、中国风格、中国模式参与世界事务的道路、理论、方法。

第三，在校园播种理想。

教育是播种理想的事业。

教育制造“未来产品”。

希望国家30 年后什么样子，请到小学播种；

希望国家20 年后什么样子，请到中学播种；

希望国家10 年后什么样子，请到大学播种。

有远见，有理想，有毅力，会成功。

后 记

在校园20多年，读书是分内的事；离开校园20多年，把工作像书一样读，像科研一样做。随手记笔记，随手记心得，归纳现象，探索规律，已成习惯。

这些文字，原本是随手记在电脑里日记式的自言自语，并没有打算拿出来。偶尔收拾一下，几近200篇，就捡出一些，简单串起来。

教育的效果要五年、十年，甚至几十年才能验证，当下评判好坏对错，很难客观公允。身在行内，更知教育的难处。

2011年4月14日，在文化厅工作10年之后到教育厅报到，一头扎进这个我喜欢的行当，最短时间进入痴迷状态。只要觉得有新得、有发现、有意思就会记下来；学什么记什么，思考什么记什么，想到什么记什么；没有计划，没有体系，结构不匀称，彼此不照应；有的事语焉未详，有的事反复唠叨。文字大多口语化，轻松幽默偶尔有，一些表述艰涩干巴像晒干的咸菜，几篇文字是某次会议的发言或某次学习的作业，因为对那小文章过于满意，就没改动。

近年家里教育事业大丰收：景象上小学，景一读博士，羽珊读博士，真是精彩的集中爆发。

景一在IEEE发表的论文看不懂；天天送景象上学，经常给她检查作业、在作业本上签名；偶尔给羽珊的创作和论文出出主意。家里家外的环境，使我对学校、教师、教材、教法、课堂和学生、作业、素质、能力的了解更加贴切。

80多岁的母亲，经常惦记我的工作：你从小就喜欢读书，这次回到老师学生中间，可以读更多的书了；不要忘记你自己是怎样从农村走出来的，现在好多孩子的情况，和你小的时候差不多，如果能帮助他们，这些孩子一辈子的前途就完全不同了……

这一切，增加了我出版这本书的热情和信心。

书中不少篇幅是对教育工作缺点的反思。在此，我绝不是将自己置身度外，而首先是对自己的检讨与批评。

因为自命为“捆稻草的人”，所以命名为“稻草集”。

教育问题，仁者见仁，智者见智。

恭候大家的批评。

景李虎

乙未冬日于羊城